講談社選書メチエ

790

創造論者vs.無神論者

宗教と科学の百年戦争

岡本亮輔

MÉTIER

創造論者vs.無神論者◉目次

序章
本書を導く十の信念

あなたの両親は、神の意図された「あなた」を組み立てるのにふさわしい遺伝的特質、すなわち神の意図されたDNAを持っていたということなのです。

――リック・ウォレン

1　明日の天気から遺伝子まで

この複雑怪奇な世界の片隅に

次の五つの信念のうち、あなたが共有できるものはいくつあるだろうか。

①地球は球体ではなく平面である。
②アポロ一一号の月面着陸は事実ではなく演出である。
③九・一一の同時多発テロには米国政府が関与している。
④世界を陰で操る組織が存在する。
⑤人類は宇宙人とすでに接触している。

いずれも陰謀論として知られる主張である。本書のようなタイトルの書籍に手を伸ばされる読者諸賢であれば、迷うことなく全てを否定するはずだ。

しかし、こうした信念を持つ人は意外と多い。

地球平面説を信じる人はアメリカで二%、イギリスで三%とさすがに少ない。だが地球平面協会という組織が実在し、アメリカでは若年層に限ると、平面説信者は四%と微増する。[1]

そして、メキシコ人の三〇%以上が月面着陸は嘘で、トルコ人の半数以上は九・一一には米国政府の陰謀があったと見ている。さらにスペイン人の半数以上が世界を裏で牛耳る組織があると疑い、アメリカ人の三〇%近くが人類と宇宙人はすでに接触したと信じている。

ちなみに①から⑤に進むに連れて、その信念を持つ日本人の割合は多くなる。

地球平面説に関するデータは見あたらないが、月面着陸を疑う日本人は一四%で、アメリカ人（一三%）やイギリス人（九%）より多い。九・一一陰謀説を信じる日本人は一八%で、アメリカ人（二三%）と大差はない。世界を操る組織については日本人は比較的冷静で、アメリカ人（三七%）やフランス人（三六%）の半分程度の一九%である。一方、宇宙人との接触は二一%が信じている。アメリカ人（二七%）より少ないが、フランス人（一八%）を上回る数値である。

国際的に見ても日本の教育水準や識字率は決して低くない。だが、それでも左利きの人（約一一%）の二倍近くが世界を操る組織の気配を感じ取り、宇宙人とのコンタクトを信じているのである。

あり得ない事なんてあり得ない

本書のテーマは宗教と科学の戦いだが、まず陰謀論にふれたのは、ある一面において宗教と陰謀論はほとんど同じ宗教社会学的機能を持つためだ。つまり、複雑な世界をシンプルな原理で説明し、偶然の出来事に意味と目的を与えようとするのである。

例えば巨大地震を天罰と信じるか、秘密兵器による人工地震と信じるかである。前者では神の怒り、後者では闇の組織の世界支配という原因が読み込まれ、自然現象である巨大地震が何らかの意味や目的を持った必然の出来事に変換されるのだ。

しかし、宗教と陰謀論には大きな違いもある。次の二つの信念について検討してほしい。

⑥イエス・キリストは神の子である。

⑦人間は一万年前に神によって創造された。

キリスト教徒の割合が一％程度の日本では、こうした信念を持つ人はあまりいないだろう。では、どちらにも神という単語が含まれるが、これをアマテラスやポセイドンと入れ替えてみたらどうか。肯定する人はますます減ってしまうはずだ。

それでは、先の①から⑤の命題と比べて、⑥と⑦はどの程度あり得る話（あるいは、あり得ない話）か考えてほしい。例えば⑤の宇宙人については、太陽系の生命探査が実際に行われ、生物は無重力で繁殖できるのかといった宇宙生物学の研究も行われている。途方もない時間的・空間的な広がりを持つ宇宙のどこかに生命が存在する可能性は現時点では否定できない。

もちろん、地球外生命が存在しても、それと地球人が接触する可能性はさらに低い。だが第5章で紹介するように、人間がコンタクトし得る地球外文明の数を見積もる計算式も考案され、様々な検討が重ねられている。

このように考えると、⑥と⑦は科学的にはまずあり得ないし、そもそも科学的に検証できない信念に見えてくる。しかし、前者はイギリス人の二八％、後者はアメリカ人の四〇％が信じている。そして、彼らの信仰や言動は社会に大きな影響を与えるのだ。

宗教と陰謀論の決定的な違いは、宗教は長い時間をかけてそれぞれの地域に深く根ざす点にある。宗教は、社会制度・慣習・倫理道徳・文化芸術などと影響を与え合い、多くの部分で渾然一体《こんぜんいったい》となっている。そのため、陰謀論よりも遥《はる》かに高い権威と信頼性を持ち、その影響力は甚大なのである。

神は細胞に宿る

本書が注目するのは、二〇〇〇年代以降の欧米で激しく展開されるようになったキリスト教陣営と反キリスト教陣営の戦いである。それぞれの陣営の最も過激な人々は創造論者と無神論者と呼ばれる。いずれも日本ではあまり知られていないので、簡単に説明しておこう。

次の三つの文章は、八五ヵ国語に翻訳され、三〇〇〇万部以上を売り上げたアメリカの牧師の著作からの引用である。[2]

神は、目的をもってあなたを造られました。ですから、あなたがいつ生まれ、どのくらい生きるのかについても決めておられるのです。神は、誕生と臨終の正確な日時を含めて、あなたの人生の日々を前もって計画されました。

あなたの両親は、神の意図された「あなた」を組み立てるのにふさわしい遺伝的特質、すなわち神の意図されたＤＮＡを持っていたということなのです。

神はこれらすべてを、驚くほど緻密に計画されました。物理学者や生物学者たちの研究が進むにつれて、この宇宙がどれほど人間の生存に適した形で造られ、また正確に設計されているかが明らかになってきています。

キリスト教の神は全能である。天と地とその間にある全てを創造してコントロールする。「お天道《てんとう》様が見ている」や「因果応報」といった漠然としたイメージや力ではなく、DNAのような細部までデザインする存在者だ。誰が不治の病にかかり、誰に幸運が訪れるのか。明日の風雨の強さや落雷の場所。戦争や金融恐慌がいつ発生するのか。キリスト教の神は一切合切を司《つかさど》る。一人一人が何を祈り、どのような行動をとるかもお見通しだ。この世に偶然はなく、全ては神が定めた必然なのである。

とはいえ、世界に二〇億人以上いるキリスト教徒の全てが、右のようなことをそのまま信じているわけではない。形だけ教会に所属する人、友人知人に会うために教会に通う人、日曜礼拝はもちろん家でも朝晩の祈りを欠かさない人など濃淡がある。だがキリスト教徒であるとは、世界の必然性と計画性を受け入れることである。宇宙は目的を持って創られ、自分が生まれたことも含めて世界には意味があるという信念が基盤にあるのだ。

そして最も強く神の実在と全能を信じ、聖書の絶対性を主張するのが創造論者《クリエイショニスト》である。詳しくは第2章で説明するが、原理主義者と言い換えられる。創造論者にとって、聖書は神の言葉が記された唯一無二の書だ。聖書に一切の誤りや矛盾はない。宇宙は、旧約聖書の創世記にある通り、神が六日間で創造した。最初の人類はアダムとエヴァであり、二人は歴史的に実在し、全人類がその子孫である。創造論者にとって、聖書はノンフィクションの歴史書なのである。

ただし、神による世界創造を受け入れるというなら、全てのキリスト教徒が創造論者とも言える。それだけでなく、ヒンドゥー教ではブラフマーによる宇宙創造が説かれ、日本書紀でも神々の登場と共に天地開闢《かいびゃく》が語られるので、これらの宗教の信者を創造論者と呼ぶこともできる。だが現代キリスト教の文脈で創造論者と言う場合、聖書を歴史書とする原理主義的な信仰を持つ人々を指しており、本書でも、その意味で創造論者という言葉を用いる。

さて、もう一方の無神論者《エイシエスト》とは神の実在を否定する人々である。

無神論者は宗教が生き方や考え方の指針になること、とりわけ宗教が社会の意思決定に関わることを嫌悪する。何千年もの昔に人間が作った文書に、なぜ今さら権威を認めるのか。当時と比べて、社会・文化・政治・経済・教育・医療など、あらゆるものが進歩改善した。人工妊娠中絶や同性愛の否定、子供の割礼のような悪習など、宗教は目に見える被害をもたらしている。神というあり得ない存在を仮定し、賞味期限切れの古文書をありがたがるのは幼稚で愚かだと非難する。

紀元前に作られた死海文書の創世記。© KetefHinnomFan CC0 1.0

そして、無神論者は科学の重要性を訴える。人類は、科学によって世界に関する客観的で合理的な知識を蓄《たくわ》えてきた。確かに科学は完全無欠ではない。昨日まで真とされたものが、明日くつがえされるかもしれない。だが、常に検証と修正に開かれている不完全さこそが科学の健全性を保証する。古文書が完全無欠だと妄信する宗教より、科学の方が遥かに正確に世界をとらえ、人類社会に貢献するというのである。

このように「修正不可能な古文書」と「日々アップデートされる学説」と対比させると、後者の方が有利に見えるかもしれない。最先端の科学で理論武装した無神論者が時代遅れの創造論者を追いつめてゆくといったイメージだ。しかし、実情は全く逆である。

無神論者は危険な隣人

近年、種々の宗教調査でノンズ（Nones）というカテゴリーが注目されている。[3] 信仰や教会への所属を尋ねられた時に「なし（none）」と答える人々だ。二〇二一年のアメリカの調査では成人の二九％が該当する。[4] 二〇〇七年には一六％だったので、わずか一五年でほぼ倍増している。
しかし、この調査結果は必ずしも無神論者の増加を意味しない。ノンズの実態は様々なのだ。ノンズには、宗教団体や教会に所属しないが自己流の信念や実践を持つ人々や、神がいるかいないかは知り得ない（あるいは、そうしたことは考えない）という不可知論者も含まれる。彼らは伝統的な信仰や宗教組織とつながりのない無宗教者であるが、無神論者とは限らない。宗教離れが進んでいるのは確かだが、宗教を離れた人々が神の不在を確信し、それを公言するわけではないのである。
むしろ、宗教を明確に否定する無神論者はごく少数だ。アメリカには無神論者は四％しかいない。ヨーロッパでも特に宗教離れが激しいフランス、オランダ、スウェーデンですら、一五％以下にすぎないのである。[5]
さらに日本人には想像しにくいのが無神論者への偏見だ。日本で暮らしていて、神仏への信仰がないことを理由に人間として欠陥があると見なされることは、まずあり得ない。初詣に行かない人が不道徳だと糾弾されることもないし、政治家などの場合、宗教と深く関わる方が問題視されがちだ。

しかし、世界的には無神論者に負の烙印《らくいん》が押される。

アメリカでは、様々な宗教信者と無神論者に対する感情温度が調査されている。[6] 対象への親近感を最も冷たい零度から最も温かい一〇〇度までの温度で示したものだ。平均を見ると、ユダヤ教徒（六三度）、カトリック教徒（六〇度）、主流派プロテスタント教徒（六〇度）といったマジョリティの宗教信者への親近感が高く、仏教徒（五七度）やヒンドゥー教徒（五五度）が続く。これに対して、無神論者はイスラム教徒と同じ四九度で最下位である。

また、自分自身は信者でなくても、知り合いに信者がいれば、その宗教への親近感は増すし、そうでなければ低くなる。その温度を見ると、イスラム教徒の場合、知り合いがいれば五三度に上昇し、知り合いがいないと四五度になる。一方、無神論者の場合、知り合いがいても五一度までしか上がらず、知り合いがいないと三八度まで低下してしまうのだ。どちらも単独で最下位である。

一三ヵ国を対象に行われた調査でも、「無神論者は不道徳である」という偏見の根強さが指摘されている。[7] 連続殺人や動物虐待といった凶悪犯罪の犯人は直感的に無神論者だと思われるのだ。調査対象には、宗教の影響力が強い国（ＵＡＥやインド）、宗教が規制される国（中国など）、宗教離れが進む国（オランダなど）と様々な国が含まれるが、大半で同じ傾向が見られた。

さらに驚くべきは、自分自身が無神論者である回答者でさえ、無神論者に同様の偏見を抱いていることだ。神を否定し、聖書のような倫理道徳の指針を持たない無神論者は何をしでかすか分からない。こうした負のイメージが、当の無神論者ですらぬぐい去れないほどに広く深く浸透している。無神論者にとって創造論者との戦いとは、数や環境の上で圧倒的に不利な敵地戦なのである。

2　無差別攻撃からのバトルロワイヤル

二〇〇〇年代以降の激化

創造論者も無神論者も近年になって突然出現したわけではない。前近代社会では、ほとんどの人が創造論者であったし、無神論の思想史をたどった好著はいくつもある。それでは、本書は何をしようとしているのだろうか。

本書の目的は、創造論と無神論の思想や系譜を単に整理するのではなく、二〇〇〇年代以降に激化した両者の戦いに密着することだ。この戦いは、宗教的言説と反宗教的言説の理論的な空中戦ではない。近い将来の教育・医療・福祉・行政といった現実をめぐる戦いである。

創造論も無神論も、ある時どこかで誰かが特定の目的のために発信する。本書が扱うのは哲学的思弁ではなく、敵を倒すための言葉である。その言葉を発する人々や彼らが置かれた時代や環境にも注目しながら、戦いの行方を追ってみたい。本書のタイトルが創造論者と無神論者となっているのも、こうした意図からである。

それでは、なぜ、この戦いは二〇〇〇年代以降に激化したのか。大きく二つの理由がある。

まずは創造論者と無神論者が置かれた環境の変化だ。今でも書籍は主要なメディアの一つであり、それぞれのオピニオンリーダーたちは広く読まれた書籍の著者である。だが、文章での応酬が戦いの一部でしかないのも事実である。

最も重要な戦略拠点である学校教育をめぐっては裁判や模擬法廷での戦いが繰り返されている。第2章や第3章で見るように、こうした場では論理や合理性だけでは勝てない。陪審員や聴衆を味方につけ、自陣営の主張をいかに魅力的に見せるかが勝敗を左右する。そして、組織的動員やロビー活動といった戦いの前後の動きも鍵を握る。

創造論者と無神論者のディベート対決も盛んだ。学術系の討論会もあれば、聴衆の投票で勝敗を決めるのが目的のエンタメ系の討論会もある。他にも、テレビ番組、新聞、ユーチューブ、SNS、講演会、ワークショップ、大学・財団・NPOといった組織など、様々なチャンネルを通じた情報発信が行われている。二〇〇〇年代以降のメディアの拡充は様々なプラットフォームでの戦いを生み出し、創造論と無神論の双方とも運動体として活性化してきたのである。

全ての神を討ち払う

二つ目の理由が、二〇〇〇年代初頭、新無神論者と呼ばれるゲームチェンジャーたちが現れたことである。彼らの登場で、それまで防戦一方だった無神論者陣営の反転攻勢が始まる。

「良い宗教などあり得ない、全ての宗教は有害である」というのが新無神論者の戦闘姿勢である。彼らの宗教への攻撃には微塵《みじん》の容赦もない。聖書の矛盾やカリスマ宗教者の欺瞞《ぎまん》を暴き立て、科学と理性が未来を作ると宣言し、隠れ無神論者たちにカミングアウトを促した。

新無神論者の苛烈《かれつ》な攻撃は戦いの構図を一変させる。それまで問題だったのは創造論者という極端な信仰の持ち主だ。「地球の年齢は一万年である」「人間は進化したのではなく、最初から人間として創造された」といった異様な信念をいかに封じ込め、学校教育をはじめとする公共領域に持ち込ませないのかが課題であった。

しかし、新無神論者は全ての信仰者に矛先を向ける。彼らは「宗教はありか、なしか」という問いを「神は有りか、無しか」という問いに変換した。前者は宗教ごと、宗派ごとのありなしを検討するなど、様々な回答を許容する。だが、後者は有無の二者択一だ。「三〇％だけ神が有る」などという曖昧な答えは許されない。そして、「神が有るというなら証拠を出せ」と新無神論者は迫る。

この問いの変換が新無神論者の基本戦略だ。穏健と言われる信仰、つまり普通の信仰も含めて全てを滅ぼせば、自ずと異様な信仰も始末できるという無差別攻撃である。信じる者はことごとく討ち果たす。無神論よりもさらに一歩踏み込んだ反神論と言ってよい。

そして、この戦略転換によって、一部の創造論者との局所戦は全面戦争に拡大し、戦いの意味合いが全く変わる。というのも、新無神論者に対しては、多くの科学者からも批判と反発が生じたのだ。その中には、ノーベル賞受賞者や人類史に残るプロジェクトを完遂させた研究者も含まれる。彼らにすれば、信仰者であることと科学者であることは矛盾しない。新無神論者が突きつける「宗教か科学か」という二者択一はあまりに乱暴で、宗教史や信仰の機微を分かっていないのである。

ちなみに、ここでつけ加えておけば、創造論者の武器も科学である。ここまでの記述から、創造論者とは、学問とは縁のない素朴な教会出席者や、学歴があっても神学に親しんだようなタイプをイメージしたかもしれない。だが、創造論者のリーダーにはケンブリッジ大学、ハーバード大学、シカゴ大学といった一流大学で学び、博士号を取得した人が多い。しかも生物学・化学・地質学・天文学といった自然科学の学位を持ち、医学や生化学の研究者として大学の教壇に立つような人々だ。

創造論者が自然科学を好む理由は第3章以降で明らかにするが、本書の戦場では、生物学が専門の無神論者が極端な信仰を持つ化学者（創造論者）を攻撃すると、穏健な信仰を持つ遺伝学者（非創造論者）がどちらも原理主義者だと非難するといった事態が生じる。批判するのもされるのも科学者だ。創造論者の話には怪しいものが多いが、全てが出鱈目《でたらめ》なわけではない。それなりの科学的事実に基づく主張もある。友敵の相関関係は複雑で、時に宗教論争なのか科学論争なのかも見分けづらい。非合理な宗教者と理性的な科学者という単純な対立図式には全く収まらない戦いなのである。

「普通の信仰」などあり得ない！

それでは、創造論者と無神論者の戦いを日本から観戦する意味はどこにあるのか。

本書を読み進めて頂ければ分かるように、アメリカでは法廷やそれに準ずる場で、「猫と人間は一緒なのか」「地球の年齢は何歳か」「旧約聖書が語る大洪水は西暦何年か」「誰かが宇宙を創ったのなら、その誰かを創ったのは誰か」といった議論を一〇〇年ばかり続けてきた。ここだけ取り上げれば対岸の火事である。日本には創造論者以前にそもそもキリスト教徒が少なく、幸いにも原理主義者が教育や政治や医療を常に脅かすような事態には至っていない。

しかし、オウム真理教や旧統一教会が深刻な事件を引き起こし、霊感商法や疑似科学の問題は後を絶たない。私たちの社会は特段に合理的なわけではないし、宗教耐性があるわけでもない。むしろ、宗教不感症かもしれない。メディアが好むカルト宗教というラベルに象徴されるように、事件やトラブルを起こすのは一部の異常な信仰者であり、ほとんどの宗教には問題がないという暗黙の了解があるのではないか。突出した奇異な信仰など稀《まれ》で、自分の宗教が安寧秩序を脅かすことなど、まずあり得ないという安心感だ。穏健な信仰への信仰と言ってもよいだろう。

だが前記の通り、新無神論者は穏健な信仰者というマジョリティを問題化した。自分の信仰が問題になるとは考えたこともない普通の人々である。新無神論者に言わせれば、穏健な信仰者など、原理主義にふり切れない半端者《はんぱもの》である。科学が十分に発達した今、宗教のある部分は信じ、ある部分は信じないという曖昧な態度は許されない。完全な信仰者か完全な無神論者か。どちらか選ぶ時が来たと二択を迫っているのである。

穏健であることは、もはや穏健ではあり得ない。普通の宗教など存在しない。この問いかけは日本社会にも無縁ではない。異常な信仰と正常な信仰の違いは何か。私たちは、それを見分ける基準や賢さを持っているのか。また、現在宗教に使われる金や資源は適切なのか。冠婚葬祭・年中行事・祭礼なども含め日本全体で宗教関係に使われる資源や労力のうち、仮に半分を他にふりむけたら、いったい何ができるだろう。そして、今後もこれらは宗教が独占すべきなのか。

本書の戦いがたどりつくのはこうした論点であり、日本社会と宗教を考える重要な手がかりになる。繰り返すが、日本でも左利きの人の二倍近くが世界を操る組織や宇宙人との密かな接触を信じているのだ。新無神論者の問いかけは、宗教に脅かされないがゆえに、洗練された宗教批判も育たない日本社会の急所を突いている。そして興味深いことに、一〇〇年にわたる論争の果てに導かれる結論の一つは、日本人が実によく知る宗教の形なのである。

このように創造論者と無神論者の戦いは、当初はアメリカを中心に展開した局地戦であったが、戦線拡大と共に普遍的な問いを生み出してきた。そのいくつかを信念の形で示せば次のようになる。

⑧真の科学者は神を信じない。

⑨宗教と科学には、それぞれ固有の役割がある。

⑩科学と理性によって、正しい信仰と正しくない信仰を選別できる。

あなたが同意したり反対したりするものはあるだろうか。いずれも一筋縄ではいかないが、本書では創造論者と無神論者の戦場から考えてゆく。

本書の構成

最後に各章の概要を述べておく。本書には、宇宙人、モンスター、銀河の戦士、猿、カンガルー、パンダ、猫など多くの生き物たちと共に、多彩な肩書きと信念を持った論客たちが登場する。口先だけのペテン師のようなタイプから、信念を貫くがゆえに次々と敵を増やすタイプまで様々だ。彼らの戦いには示唆に富む建設的な対話もあれば、惨《みじ》めな泥仕合もある。

第1章では、パロディとして広がる伝統宗教への反逆を取り上げる。伝統宗教には格別の敬意が払われ、信者は服装・食事・兵役・税金などで特別扱いされる。だが、よくよく考えると、そうした敬意や配慮の根拠は伝統以外になさそうだ。仮に宇宙の平和を守るジェダイの騎士やヘヴィメタの信者を名乗り、その信仰を理由に伝統宗教と同じような待遇を求める人が出てきたらどうなるのか（実際に出てきた）。あるいは、FCバルセロナやアップル社には熱狂的なファンがいるが、彼らは宗教信者と何が違うのか。無茶な言いがかりや極端な事例に思われるかもしれないが、こうした問いこそ現代宗教が直面する課題だ。パロディ宗教の登場は「宗教とは何か」という根本的な問いかけであり、創造論者の台頭に対する反抗として理解できるのである。

第2章では、猿裁判《モンキー・トライアル》の名で知られる法廷闘争を取り上げる。およそ一〇〇年前、進化論教育をめぐって行われた世紀の裁判だ。この裁判が町おこしのための茶番であったことも比較的知られているが、参加者たちは真剣そのものだ。新米教師の軽犯罪を裁く法廷が、次第にニーチェ哲学や生きる理由をめぐる宗教と科学の戦場に変貌する。特に検察を率いた大物政治家と弁護側に名乗りをあげた伝説の弁護士の対決は死闘の名にふさわしい。最後には、どちらかに文字通りの死が待ち受けている。

第3章の舞台は、創造論者と無神論者の戦いが大きな転機を迎える二〇〇五年の公聴会である。やはり進化論教育が争点となるが、創造論者の攻撃は遥かに巧妙だ。二〇名以上の科学者や知識人が登場して進化論を否定し、創造論を公教育に組み込むように訴える。一方、創造論を否定する科学者たちは、ある理由から誰一人として参戦しなかった。今回も立ち向かったのは弁護士だ。議長も審判役も全てが創造論者という完全敵地で、移民の弁護士がたった一人で奮戦する。

第4章では、戦いを一変させる新無神論者の反撃を取り上げる。四騎士《フォー・ホースメン》と呼ばれる中心人物たちは、宗教と一切妥協せず、全ての信仰者に宣戦布告する。創造論者と無神論者の間にあった穏健な信仰者という広大な中間領域を焼き払い、いずれの陣営に与《くみ》するのか旗幟《きし》を鮮明にするよう求める。新無神論者の攻撃は創造論者に大ダメージを与えるが、これ以降、戦いは激化する。

第5章では、新無神論者が拡大した戦場に注目する。新無神論者に黙殺された創造論者は新たな戦場への転戦を図る。そして本章では、不思議な経歴を持つ神学者と人類史に残る遺伝学者の信仰に耳を傾ける。彼ら正統派の信仰者と新無神論者の戦いには、どこまでも妥協の余地はなさそうである。だが、たった一つだけ、思ってもみないような友情と死が訪れる。

終章では、宗教と科学の次の一〇〇年を考える。両者は敵なのか仲間なのか赤の他人なのか。科学が宗教を淘汰《とうた》するのか、それとも別の未来が待っているのか。本書のささやかな結論としては、宗教からある要素を取り除けるかどうか、取り除くべきかどうかを問いかけることになる。

本書には一〇〇名を優に超える人物が登場する。色々な意味で個性的なメンツであるが、あなたが共感するような人物はいるだろうか。筆者は特に二人に強く惹《ひ》かれる。それについては「あとがき」で述べさせて頂きたい。

私も含め世界中の多くの人々が、宇宙は空飛ぶスパゲッティ・モンスターによって創造されたという強い信念を持っています。私たちが見て感じる全てを創造したのはスパモンです。

――ボビー・ヘンダーソン

第1章

パロディ宗教の時代

銀河の騎士とモンスターの逆襲

1　神様になった天才

マラドーナ教会の設立

二〇二〇年一一月、アルゼンチンの元サッカー選手ディエゴ・マラドーナ（一九六〇〜二〇二〇年）が亡くなった。強烈な個性、派手な女性関係、マフィアとの黒い交際、ドーピングや薬物問題など話題に事欠かない人生だったが、何よりサッカーの天才として世界に愛された。

特に記憶されるのは一九八六年、ワールドカップのメキシコ大会だ。マラドーナはキャプテンとしてアルゼンチン代表を率い、準々決勝でイングランドと対決する。数年前まで両国はフォークランド紛争を戦っていた。異様な盛り上がりを見せた試合で、マラドーナは人間を超える。

両チームが無得点で迎えた後半、イングランドのディフェンダーがクリアしたボールがペナルティエリア内で浮き玉になる。キーパーが前に出るが、マラドーナもつめており、左手で叩いてボールをゴールに押し込む。スローで見ると明らかなハンドだが、主審はゴールと認めた。

さらに四分後、自陣でパスを受けたマラドーナは数十メートルを独走し、キーパーも含めた五人を抜き去って二点目を決める。伝説となった「神の手ゴール」と「五人抜き」である。その後の準決勝と決勝でもマラドーナは躍動し、大会前の下馬評をくつがえしてアルゼンチンを優勝に導いた。

マラドーナへの愛から一九八九年にアルゼンチンに移住した藤坂ガルシア千鶴は、このW杯をきっかけに、マラドーナはサッカーの天才から神になったと評する。[1] 愛称として、スペイン語で神を意味するDIOS《ディオス》と背番号10を合わせたD10Sが使われるようになる。マラドーナが両親のために初めて買った家は、今ではCasa de D10S（神の家）という名で公開されている。

そして一九九八年、マラドーナ教会が設立された。設立者の一人は「アルゼンチンの人々にとってサッカーは宗教であり、全ての宗教には神がいる。そしてサッカーの神はマラドーナだ」と語る。[2] 聖典はマラドーナの自伝で、「ボールを汚してはならない」「何よりもサッカーを愛せ」という文言を含む十戒《じっかい》も作られた。[3]

教会特有の暦《こよみ》もある。マラドーナが生まれた一九六〇年を基点とし、それ以降がAD（ディエゴ以後、after Diego）で表記される。そして、マラドーナの誕生日である一〇月三〇日が降誕祭、神の手

「D10S（神）は存在する」と書かれたグラフィティ。2008年。©Antonio CC BY-SA 2.0

ゴールが決まった六月二二日が復活祭として祝われる。

こうした祝日には信者たちが集まり、D10Sと書かれた祭服をまとった司祭の進行で、マラドーナを祀った祭壇を囲んで礼拝を行う。

マラドーナ教会のドキュメンタリーには、二人の娘にマラとドナと名づけた家族や崇拝対象としてマラドーナのタトゥーを入れた青年が登場する。D10S以外に信じるものがない人もいる。[4] 二〇二一年七月には、メキシコにもマラドーナ教会が設立された。教会の入口でひざまずく巡礼者の姿や、「父と子と神の手の名において」行

われた最初の幼児洗礼の様子は広く報道された。

家康はどうする

宗教を信じる人と信じない人の戦い。本書ではその戦線を歩いてゆくのだが、そもそも宗教とは何を指すのか。「教祖がいて、教えがあって、信者集団がある」という古典的なイメージはもはや通用しない。現代社会では何が宗教で何が宗教でないのかが揺らぎ始めており、そのことは創造論者と無神論者の戦いに大きな影響を与える。

マラドーナ教会のような現象はパロディ宗教と呼ばれる。他にも疑似宗教、世俗宗教、準宗教、仮宗教、創作宗教といった言葉もあるが、本書ではパロディ宗教を用いよう。理由は、パロディ宗教の多くがキリスト教をはじめとする伝統宗教を元ネタとし、伝統宗教への皮肉や風刺となるからだ。

そして重要なのは、パロディ宗教をはじめとする右の一群の言葉には「偽の宗教現象である」というニュアンスがあることだ。部分的には宗教的な要素や雰囲気は見てとれるが、長い伝統を持つ「本物の宗教」とは根本的に区別されるという含意である。

しかし、何が伝統宗教とパロディ宗教を分け、パロディ宗教はどの点で劣るのか。実は、両者の境界はそれほど明確ではない。日本でも、アイドルやアニメのファンが信者と呼ばれ、フィクション作品の舞台を訪れる聖地巡礼という言葉はすっかり定着した。甲子園球場が高校球児たちの聖地と称されるのもおなじみである。

あえて極端な比較をするが、頭を刈り上げ揃《そろ》いの服で聖地を目指して日々鍛錬《たんれん》に励む球児たちと、禅寺で頭を刈り上げ揃いの服で日々修行に励む修行僧たちは何が違うのだろうか。

球児も修行僧も甲子園出場や悟りといった究極の目標を掲げ、受け継がれてきた規律・技法・価値観を共有し、身体鍛錬と精神修養に専心する。限られた人生のうちの少なくない時間を野球や坐禅といった身体技法の習得に捧げ、そうした日々の中で得られた考え方は、その後の人生にも影響するだろう。また日本では、菅原道真、徳川家康、二宮金次郎、広瀬武夫など、人間が神として祀られる例は無数にある。日光東照宮とマラドーナ教会の間に本質的な差異はあるのだろうか。

マラドーナ教のドキュメンタリーには、ブエノスアイレスのカトリック教会の神父が登場する。正真正銘のカトリック信者である神父によれば、マラドーナ教会は「厳密な意味での宗教」とは関係がなく、宗教の言葉を使ってマラドーナへの敬愛を表現したものだという。熱心なファンのコミュニティやその文化を指してファンダムという言葉が使われるが、神父の見解では、マラドーナ教会は天才サッカー選手のファンダムの発展形態だというのである。

それでは、信者とファンは何が違うのか。見方によっては、キリスト教信者とはイエスのグッズを集め、同好の士との集まり（教会）に出かけるファンであり、各宗派はファンダムとして理解できる。また日光東照宮の訪問者にインタビュー調査を行えば、家康が東照大権現《とうしょうだいごんげん》という神だと心底信じる人よりも、歴史ファンの方が多いはずである。宗教にはパロディ宗教にはない特質があるのか。

結束と憧れ

実のところ、この問いに答えるのは学術的にも難しい。哲学・社会学・人類学・心理学などで様々に宗教が定義されてきた。だが、あらゆる時代と地域に宗教と呼べる現象が見出され、それら全てを包摂し、なおかつパロディ宗教を排除するような定義は見あたらない。例えばエミール・デュルケムによる次のような社会学的な定義がある。

宗教とは、神聖な物、言いかえれば、隔離され禁止された物に関する信仰と行事との体系である。信仰と行事とは、これに帰依《きえ》するものをすべて教会と呼ばれる一つの道徳的共同社会に結合する。[6]

マラドーナ教会はD10Sという聖なる存在を崇拝し、その言動に由来する信念を共有し、独特の暦でD10Sの誕生と復活を祝う。宗教が人々を結束させる機能に注目したデュルケムの定義を十分に満たしている。また、信者の内面に注目した次のような定義もある。

宗教は、絶対帰依の感情であって、神すなわち無限に対するあこがれである。そしてそれは知に発せず、意志に発せず、まったく感情――無力な感情ではなくて、精神的に復活し生命を拡充しようとする感情に発するものである。[7]

メキシコのマラドーナ教会を設立した男性は、訪れた人々が泣き、マラドーナの写真に膝立ちで祈る姿を見て、「狂っているのは自分だけではない」と気が楽になったという。そして、マラドーナ教会で娘に幼児洗礼を施した父親は、マラドーナは「自尊心の源」だと語る。知よりも感情を重視するフリードリヒ・シュライアマハーの右の定義は、スーパースターへの激烈な愛と憧憬を持つこれらの人々にあてはまる。

このように伝統宗教とパロディ宗教の違いはそれほど明確ではないのだが、近年までは大きな問題にはならなかった。なぜなら、それぞれの地域や社会で何が本物の宗教かは自明だったからだ。欧米で宗教と言えばキリスト教やユダヤ教であるし、日本では仏教や神道である。だが後述するように、伝統宗教が力と信頼を失いつつある現代社会では、いったい何が宗教と呼ぶに値するかを改めて検討せざるを得なくなっているのである。

2　隣の宇宙人

聖地アップルストア

もう少しだけ、宗教とパロディ宗教の境界について考えてみたい。というのも、なぜ労働団体や政治政党や音楽サークルではなく、宗教団体だけが特権的なのかという問題は、本書で扱う戦いの原点とも言えるからだ。ここでは二つの典型的なパロディ宗教現象を取り上げよう。アップル信者とFCバルセロナである。

iPhoneなどを販売する米国アップル社とその消費者を分析したのが、そのものずばり「iReligion」

と題された論文だ。[8] この論文によれば、アップル教の神話は、スティーブ・ジョブズ（一九五五〜二〇一一年）たちが自宅ガレージで開発を始めたところから始まり、二つの悪の化身（ＩＢＭとマイクロソフト）との対決へと進む。そして、一度はアップル社を追い出されたジョブズが同社に返り咲き、会社を立て直す部分が復活神話となる。

そして、アップル教の根幹にあるのが「人間とコンピュータは調和して働くべきであり、アップル製品はこのユートピア的未来を象徴する」という信仰だ。アップル製品が放つ創造性、個性、多様性、愛、自由、調和といったイメージはアップル信者に内面化され、それによってＩＢＭやマイクロソフトの画一性や堅苦しさと対置されるというのである。

とりわけ二〇〇七年のiPhoneの発売は、ジョブズ崇拝を狂信的なレベルに高めた。新製品発表時のジョブズのプレゼンはまさしく宗教儀礼であった。牧師のような黒のタートルネックを着て、聖なるものを開示するように新商品を見せ、ジョブズは製品発表会を宗教儀礼へと昇華させた。ジョブズは預言者のようにステージ上を歩き、製品情報だけでなく、人生観や世界観を伝えていた。

スティーブ・ジョブズ追悼のためにニューヨークのアップルストアに集まる人々。2011年。©Doug Belshaw/flickr CC BY 2.0

そして独特のデザインのアップルストアは、寺院のような外観と機能を備える。一階にはiPadや

MacBookなど製品ごとの礼拝堂が立ち並び、同じ服装のスタッフが侍者として奉仕する。二階は告解室である。信者はそこで自らが犯したソフトウェアやハードウェアの誤用を告白し、必要な手続きを経て罪を赦《ゆる》される。さらにアップルストアは聖地にもなる。徹夜で新製品の列に並ぶのは、アップル教信者の巡礼なのである。

これらの分析を踏まえた上で、同論文は、アップル教は①信仰体系、②実践体系（儀礼）、③聖というカテゴリー、④信者の共同体というデュルケムの定義から導かれた宗教の四つの構成要素を満たすと結論している。

聖職者メッシ

バルサの愛称で親しまれるスペインのFCバルセロナにはかつてマラドーナも所属し、近年ではリオネル・メッシが長く活躍した。ソシオと呼ばれるバルサ・ファンの会員数は一四万人を超え、あらゆるスポーツチームの中でも最大規模である。

日本にも、浦和レッズや阪神タイガースのように、熱狂的なファンに支えられるスポーツチームは存在するが、バルサを語る上で欠かせないのは政治的文化的な背景だ。スペインは複数の国を統一する形で成立した歴史を持つため、常に中央集権を進める勢力と各地の分離独立を目指す勢力のせめぎ合いがある。バルサが本拠を置くカタルーニャ自治州は独立志向が強く、たびたび独立を問う住民投票が行われてきた。そしてカタルーニャの人々にとって、中央集権の求心であるマドリーの人々はカスティーリャ王国に由来する異民族である。だからこそ、クラシコとして知られるバルサとレアル・

マドリーの試合は白熱する。[9]

メディア研究者のジョルディ・シフラによれば、右のような政治的文化的な文脈を持つバルサは、単なる地域の人気スポーツチームではない。バルサのファンクラブ会員になることは、カタルーニャのナショナリズムを背負うことであり、バルサというチームの象徴的な重みは、カタルーニャの旗や建国記念日に匹敵する。[10]

そしてシフラは、スペインの中核都市を上回る予算規模を持つバルサが行う広報戦略に注目して、その宗教的性格を明らかにする。学校のクリスマス休暇に合わせて、クラブの施設がガイド付きで開放される。見学者は、普段は選手と関係者しか立ち入れないロッカールームやプレスルームに入り、聖なるものを感じ取る。バルサ・ミュージアムには、往年の名プレーヤーたちの写真やグッズ、優勝トロフィーなどが所蔵される。これらの聖遺物がバルサ神話を再創造し続け、毎年一〇〇万人を超える巡礼者を集めるのだ。そして有名選手たちは聖職者である。選手たちを仲介として、信者であるサポーターは聖なるカタルーニャと結ばれるのである。

もしも異星から来た民族学者が東京ドームを見たら

シフラの論文の冒頭では、面白い思考実験が紹介される。「もしも異星から送り込まれた民族学者たちがカタルーニャの文化・慣習を研究したら、どのような分析をするか」というものだ。

宇宙人の学者たちはテレビや出版物を調査し、街を歩き回り、若者が熱中するアイドルやゲームを研究するはずだ。そこから彼らが導くのは、カタルーニャ人が心理的にも物理的にも最優先するのは、政治・経済・芸術・キリスト教ではなく、バルサであるという結論だろう。バルサは、カタルーニャの人々の私的な生活だけでなく、社会の隅々に浸透している。

それでは、宇宙人の学者が他の地域に降り立ったらどうか。

アルゼンチンの街を調査した宇宙人は、街のあちこちに描かれたマラドーナのグラフィティを見つけるはずだ。前記の藤坂によれば、アルゼンチンで暮らすのは「マラドーナという存在が溶け込んだ日常を過ごすこと」である。道ゆく人を観察すれば、マラドーナがデザインされたTシャツを着たり、イエスやマリアと同じようにマラドーナのタトゥーを入れたりしている。週末にはスタジアムに数万人がつめかけ、同じ服装で贔屓《ひいき》のチームに熱狂する。チーム関係者やかつての所属選手が亡くなると、試合前にスタジアム全体で黙禱が行われ、選手が喪章をつけることもある。

こうした状況を目にすれば、宇宙人は、サッカーはアルゼンチン人の主要な関心事であり、生活基盤の一つであり、人生そのものにリズムを与えるものだと理解するだろう。そしてメッシのようなスター選手は、人々を特定の価値観や人生観へと導く聖者のような存在として分析される。

それでは、宇宙人たちが日本やアメリカに降り立った場合はどうだろうか。

恐らくサッカーよりも、多くの人々が林檎マークのデバイスに夢中になっていることの方が興味深いはずだ。片手で操作するデバイスを持ち歩くだけでなく、手首にも装着し、家に大型の筐体《きょうたい》を持つ人もいる。しかも、そのデバイスで仕事をするだけでなく、体調をモニタリングし、家族や友人とコミュニケーションをとり、生き方のヒントや人生の目標をメモに書き込む。デバイスを通じて作られた各種SNSのアカウントを自分自身の一部のように感じる人もいる。さらに林檎マーク信者は、それ以外のものを使う人々に対し、時として異様に排他的かつ攻撃的になる。

宗教とパロディ宗教の境界は、宇宙人の目にはますます曖昧だ。二一世紀の地球に降り立った彼らは、サグラダファミリアや明治神宮の独特の建築に注目するかもしれない。だが、それ以上の関心を、音楽やスポーツのイベントで数万人を集めるカンプ・ノウや東京ドーム、そこからの中継が数百万の人々にもたらす熱狂、その中継を見るために多くの人が林檎マークのデバイスを手にしていることにふりむけるはずである。

異星の学者にとって、地球の人々を束ね、人生観をもたらし、生活リズムを作るという点では、宗教もパロディ宗教も大差ない。僧侶の読経や法話を退屈そうに聞く一方、ジョブズの生き様に感銘をうけ、それをモデルに生きようとする人々を見れば、宇宙人は、アップル教こそ現代の宗教だと分析するはずである。

そして、宇宙人はすでに地球にやって来ており、私たちの身近に存在しているのである。

3　もう一つのスカーフ事件

英連邦のジェダイの騎士

遠い銀河の戦いを壮大なスケールで描いた映画『スター・ウォーズ』シリーズには多くのキャラクターが登場する。中でも人気なのがジェダイの騎士である。特別な資質に恵まれ、厳しい修行を積んだジェダイたちは、フォースと呼ばれる不思議な力を操り、宇宙の平和と正義のために戦う。

ジェダイはジョージ・ルーカス監督の創作だが、二一世紀の幕開けと共に、ジェダイを名乗る人々が各地に現れ始める。イギリスやオーストラリアなどの英連邦では一〇年ごとに国勢調査が行われるが、二〇〇一年、初めて宗教に関する質問が設定された。「あなたの宗教は何ですか？」という項目で、「キリスト教」「仏教」「ヒンドゥー教」「ユダヤ教」「イスラム教」「シク教」「無宗教」という選択肢に加えて、「それ以外の宗教」を自由に記入できる欄が用意された。

その結果、イングランドとウェールズの人口の〇・七％にあたる約三九万人が「ジェダイ」と回答したのだ。[11] 他の地域でも同様の現象が見られた。オーストラリアで約七万人、[12] ニュージーランドでも五万人以上がフォースの使い手であると申告した。[13] さらに一〇年後には、オーストラリアに六万五〇〇〇人、カナダに九〇〇〇人、そしてチェコにも一万五〇〇〇人のジェダイがいることが明らかになったのである。[14]

このジェダイ教現象にはきっかけがある。

国勢調査の直前、「一万人がジェダイと回答すれば、政府は正式な宗教として認める」というメールが出回ったのだ。実際には、そうしたルールはなく、ネットでよくあるデマのキャンペーンだ。国勢調査を実施する英国家統計局も、主に十代後半から二十代の若者が冗談や悪戯でジェダイと記入したと見ている（その副産物として、通常は停滞気味の若年層の回答率が上昇した）。

他方、一部ではあるが、自分がジェダイであると真剣に信じ、鍛錬を積む人々がいると見立てることもできる。ウェブを検索すれば、ジェダイ教会やジェダイ騎士団寺院といったグループのサイトが見つかる。映画シリーズの枠組みに縛られることなく、ジェダイ教の教義やフォースの神学を説く書籍も出版されている。

いずれにしても、ジェダイ教の広がりはキリスト教の衰退と表裏一体だ。西欧や北欧では二〇世紀後半以降、キリスト教離れが進み、日曜礼拝の参加率は、イギリスやフランスでは数パーセント程度に落ち込んでいる。そして、キリスト教離れは若年層ほど顕著であり、多くはほとんど教会に行ったことがない。

さらに同様の傾向が、先進国の中で唯一宗教が活発とされてきたアメリカでも見られる。二〇二〇年の調査では、アメリカ人の六四%がキリスト教徒で、それ以外の宗教が六%である。そして残りの三〇%が特定の宗教団体や教会に所属しない無宗教者だが、その割合は二〇七〇年に五二%まで増加する可能性が指摘されているのである。[15]

ジェダイ教現象は、こうしたキリスト教離れを背景に生じた。教会と縁のない若年層にとって、宗教は自らのアイデンティティや価値観と結びつかず、重要に感じられない。だからこそ、宗教に関する質問に真面目に回答する気が起きないのである。

しかし、なぜ、彼らはわざわざジェダイと記入したのだろうか。宗教に関する質問を無視したり、「無宗教」をチェックしたりしてもよかったはずである。

ヘヴィメタ教の反乱

二〇一一年の国勢調査でも、「それ以外の宗教」ではジェダイがトップだったが、他にもヘヴィーメタル（六二四二人）、悪魔崇拝（一八九三人）、オカルト（五〇二人）なども出現した。ここから読み取るべきは、伝統宗教（つまりキリスト教）への無関心だけでなく、より積極的な反発や抵抗である。

実は、ヘヴィメタ教についても、調査に先立ってキャンペーンが行われた。こちらの仕掛け人は、サクソンのボーカリストであるビフ・バイフォード（一九五一年〜）とヘヴィメタ雑誌の編集者アレクサンダー・ミラスである。二〇〇一年のジェダイ教現象を見た彼らは、開祖ブラック・サバスの結成から四〇年以上の歴史を持つヘヴィメタはイギリスの重要な文化であるとし、これを宗教と認めさせる反乱を企てた。ミラスによれば、一般的な宗教のイメージにしたがえば、ヘヴィメタを宗教から除外する理由はない。ポップ音楽のファンと違い、ヘヴィメタのファンは次の一曲がダメでも離れない。伝統宗教の信者より、ヘヴィメタ信者はよほど忠実で信仰深いというのである[16]。この話は、ミラスがインディペンデント紙のインタビューに答えたものだが、同じ記事には英国ヒューマニスト協会の広報部長の談話も掲載されている。

日本では、ヒューマニストというと貧者や弱者の救援にあたる人道主義者や博愛主義者といったニュアンスがあるが、欧米では、人間の価値や尊厳を最重要視するがゆえに神や宗教の権威を認めない人間至上主義者といった意味合いになる。単に「自分は信仰する宗教を持たない」「教会に通っていない」という無宗教者より、積極的に宗教を批判する無神論者と重なる立場である。以下本書でヒューマニストやヒューマニズムと言う場合も、ほぼ無神論者や無神論と同義である。

ヒューマニスト協会の広報部長は、国勢調査でジェダイやヘヴィメタと回答するのは小賢《こざか》しいやり方だと批判する。信仰がないなら、しっかりと「無宗教」にチェックを入れ、宗教への反対者が数多くいることを公的に示すべきである。なぜなら、信仰者は、宗教を理由に特別休暇を得たり、服装規程が免除されたり、公共の場で特別な食事が用意されたりする。宗教系学校への補助や公共放送での宗教情報の発信といった特権もある。しかし、信仰を持たない人々はこうした特権を享受できない。伝統宗教の特別扱いを可視化し是正してゆくためにも、無宗教者や無神論者は意思表明すべきであり、冗談や悪戯でパロディ宗教を記入してはならないというのである。

実際、二〇一一年国勢調査のイングランドおよびウェールズの数値を見ると、最大の宗教はキリスト教（人口の約五九%、三三二〇万人）で、その次がイスラム教（四・八%、二七〇万人）である。しかし、二五%（一四一〇万人）は無宗教と回答し、七%はこの質問に回答していない。両者を合わせれば三二%を超え、キリスト教の半数以上のボリュームになる。さらに一〇年前と比較すると、キリスト教の割合は七一%から五九%に急落し、一方、無宗教は一五%から二五%へと急増している。[17] 無宗教者・無神論者は、宗教カテゴリー最大の成長株なのである。

ジェダイ・スカーフ事件は珍事だったのか

ジェダイ教やヘヴィメタ教は、宗教離れによる無宗教者・無神論者の増加に共鳴しながら、国勢調査という公の舞台に登場した。パロディ宗教との関わり方は人によって様々であるが、伝統宗教が持つ地位や特権を自明視しない点で通底する。彼らには、キリスト教をはじめとする伝統宗教こそがパロディ宗教に見えているのだ。

こうした伝統宗教に対する批判的なまなざしを示す例としてスカーフ事件がある。

一般にスカーフ事件と言えば、一九八九年にフランスで起きたイスラム教関連の出来事を指す。中学生の女生徒三人がスカーフを着用して公立中学校に登校したが、校長は、スカーフをイスラム教のシンボルと見なし、着用したまま学校に入ることを禁じた。しかし、生徒たちはスカーフを外すのを拒否し、最終的に退学処分になる。フランスの国家理念である脱宗教性《ライシテ》に関わる事件として知られるが、ここで取り上げるのは別のスカーフ事件である。

二〇〇九年の夏、当時二三歳のダニエル・ジョーンズが昼食を買いにスーパーを訪れた。イギリス最大手のスーパー・チェーンであるテスコの店舗だ。入店時、ジョーンズは頭にフードをかぶっていた。店員は、防犯上の理由から規則に違反するため、店内ではフードを外すようジョーンズに促す。だが、ジョーンズは宗教上の理由でフードをかぶっているのだと主張し、結局、追い出される。公立校とスーパーと舞台は異なるが、フランスの事件と似た出来事である。

実は、ジョーンズは二年前にジェダイ教会を設立していた。テスコの店員にジェダイ教会の名刺を渡して、教会には多くのメンバーがおり、フード着用はジェダイ教の教えに基づくことを説明したが、それでも受け入れられなかったのである。

注目したいのは、ジェダイ・スカーフ事件の語られ方である。

この事件は、イギリスの大衆紙デイリー・メールでも高級紙ガーディアンでも報じられた。両紙ともに「映画の中で、オビ＝ワン・ケノービやルーク・スカイウォーカーといったジェダイ騎士は、フードなしで公共の場に出てきている」というテスコ側の反論コメントを載せ、記事の最後は「ジェダイがフードをかぶったままだと、特売を見逃してしまうでしょう」というテスコの担当者のコメントで締めている。[18] 珍事としての扱いである。

他方、この記事を掲載した両紙のウェブサイトには読者コメント欄が設けられ、デイリー・メールには三〇〇以上、ガーディアンには二五〇以上のコメントが寄せられた。ジョーンズへの批判や擁護もあるが、ジェダイ教以外の宗教に言及するものも目立つ。「もし、テスコが他の宗教にも同じような世俗的スタンスを崩さないのなら素晴らしいが、そうは思えない」「スーパーや公共の場では、あらゆる宗教的な服装やシンボルの着用を禁止した方がいい」「テスコは他の宗教の信者にも頭部を覆うものを外すよう求めるんだよね？」といったコメントである。

これらのコメントにある「他の宗教」とはイスラム教のことだろう。イギリスは多文化主義を標榜してきた。公と私という概念を使えば、フランスでは脱宗教性という公の理念が優先され、公共空間ではスカーフ着用という私的選択が制限される。一方イギリスの場合、個々人の決定を尊重し、学校でのスカーフ着用を禁止することもない。その結果、公共空間でも宗教的な服装や食事規定の権利が当然のものとして主張されるようになったのだ。

右のコメントは、そうした宗教の特別扱いへの違和感を表明している。なぜキリスト教やイスラム教は本物の宗教として尊重され、ジェダイ教は冗談と受け流されるのか。伝統宗教も、それを信じない者から見たらジェダイ教と大差ないというのである。

本気で信じているのか？

先に宇宙人は身近に存在すると書いたのは、こうした社会状況の到来を指す。

宗教についての社会的合意が失われ、互いに宇宙人であるような局面が広がっているのだ。二〇世紀半ばまでの欧米であれば、宗教と言えばキリスト教やユダヤ教であった。だが現代では、移民の宗教もあるし、ネットで拡散する宗教もある。数々のパロディ宗教が誕生し、秘密結社を信じる陰謀論者もいる。

もちろん、パロディ宗教や陰謀論の信者がどこまで本気なのかは分からない。だが、それは伝統宗教の信者も同様である。詳しくは第4章で扱うが、ある人が心の底から神を信じているのか、それとも神を信じるのは良いことだと信じているのか、両者の区別はそれほどはっきりしていない。

そして、伝統宗教の地位が根本的に問い直される社会状況だからこそ、本書の主題である宗教をめぐる戦いが過熱する。多種多様な考え方や世界の見方が並存する中、宗教だけが、ただ伝統的であるという理由で特別扱いされることへの疑問と不満が募《つの》っている。宗教はもはやデフォルトではなくオプションにすぎない。こうした伝統宗教への懐疑と異議を最も鋭く表明するのが、奇妙なモンスターの信者たちである。

4　空飛ぶスパゲッティ・モンスター

二日酔いのビッグバン

その本体は二個のミートボールと絡まり合うスパゲッティからできており、上部にカタツムリのよ

スパモン版の「アダムの創造」。2015年。Niklas Jansson

うな二つの目玉が飛び出している。これを創造主とするのが空飛ぶスパゲッティ・モンスター教会だ。空飛ぶスパゲッティ・モンスター《Flying Spaghetti Monster》[19]は英語ではＦＳＭと略されるが、本書では邦訳された福音書にしたがいスパモンと呼ぼう。

スパモン教の『ヌードル聖書』によれば、スパモンは五日間で宇宙を創造した。一日目に光、二日目に大空、三日目に陸と草木、四日目に太陽と月と星を創った。そして五日目の夜、自分が創りあげた世界に満足したスパモンはビールを飲みすぎ、ベッドから落ちて空に叩きつけられてビッグバンが生じた。この創世神話にちなみ、スパモン教では毎週金曜日が休日とされる。

スパモンの天地創造は五〇〇〇年前の出来事だ。通常、宇宙の歴史は一三八億年とされるが、教会によれば、それは宇宙がより古く見えるようにスパモンが偽装したためだ。地球上では数千万年前の恐竜の化石が発見されるが、それもスパモンが仕組んだ遊びだ。恐竜は三〇〇〇年前に人類と共存していたのである。

その後の歴史は海賊を中心に回る。スパモン教によれば、略奪者や犯罪者という海賊のイメージはキリスト教神学者が作り出した虚構である。実際の海賊たちは探究心と好奇心にあふれ、スパモンに選ばれた民として世界中にそのメッセージを広めた。そして、およそ二五〇〇年前から一七〇〇年代まで、長きにわたって海賊たちの黄金時代が続いたのである。

　スパモン教には教義らしい教義はないが、唯一それらしいのが八つの「本当にやめて欲しいこと」である。海賊モージーがスパモンから与えられた石板に記されていたものだ。スパモンを語る時に聖人ぶった独善野郎のようにふるまわない、人を外見で判断しない、スパモンのために大金をかけて神殿を作らないといった内容である。

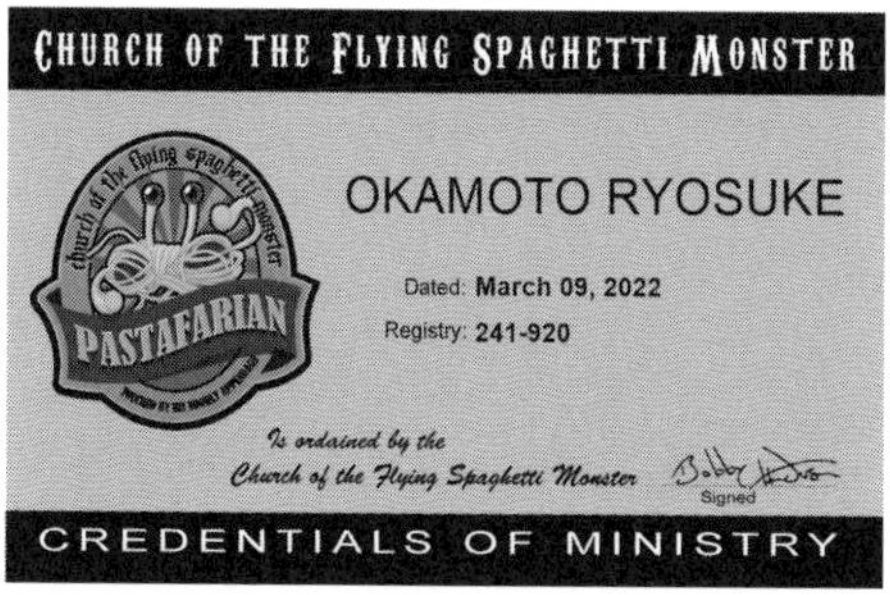

筆者がスパモン教の聖職者であることを示す身分証

　スパモン教は、創造主の大部分がスパゲッティから成るため「パスタファリアニズム」とも名乗る。教会によれば、信者のパスタファリアンの数は一〇〇〇万人を超える。布教用のパンフレットでは、パスタファリアンに改宗するメリットとして、ゆるゆるの道徳規範しかなく、毎週金曜日が休みになり、スパモンの天国にはビールが噴き出す火山とストリッパーの工場があると説かれる。

　告白すると、筆者もスパモン教会の聖職者の一人である。

　聖職者になるには、ウェブサイトで五九ドル支払って聖職任命パッケージを買えばよい。すぐに任命書や身分証明書のデジタル・データが送られてきて、しばらくすると現物が世界中どこでも送料無料で届けられる。それらの書類には、筆者が洗礼・結婚・葬送などの各種儀礼を執《と》り行うことができ、宗教指導者としてふさわしい敬意が払われるべきことが記されている。

スパモン教は、パロディ宗教の中でも積極的に宗教批判を行う。明らかなフィクションでありつつ自らが宗教であると主張するからこそ、伝統宗教の特権や権威を強く相対化できるのだ[20]。それでは、パスタファリアンたちの戦いを少し覗いてみよう。彼らが好んで使用する武器はパスタ用の湯切りボウルである。

アーメンよりラーメン

二〇一一年、オーストリアで奇妙な運転免許証が発行された。免許証には持ち主のニコ・アルム（一九七五年〜）の写真が掲載されているが、頭に湯切りボウルをかぶっている。パスタファリアンのアルムは、スパモン教では湯切りボウルは必須の宗教的アイテムであるとし、これを装着したまま免許証の写真を撮影することを要求したのだ。ジェダイ・スカーフ事件と同じく、伝統宗教の特権をスパモン教にも求めたのである。

精神状態の検査をされるなど、手続きは速やかには運ばなかったが、最終的には湯切りボウルをかぶった写真の免許証が発行された。ただし警察当局によれば、スパモン教が宗教として公認されたわけではない。アルムの免許証写真は「顔全体が確認できる」という基準を満たしていたにすぎず、パスタファリアンとしての宗教的な背景や信仰が勘案されたわけではないのである[21]。

アルムは、この事件以前から「神はいない」というスローガンを大通りに掲示し、学校では宗教ではなく倫理を教えるべきだと訴えるキャンペーンを行ってきた。また事件後には数年間オーストリアの国民議会議員にも選出され、政教分離のための活動に尽力したが、議会にもスーツの胸に湯切りボウルのバッジをつけて出席している。

二〇一四年には、アメリカのユタ州で同様の免許写真の申請があった。ユタ州は末日聖徒イエス・キリスト教会（モルモン教）の入植によって発展した歴史を持つが、手続きはスムーズに進んだ。というのも、数年前から同じような申し立てが相次ぎ、同州ではパスタファリアンは湯切りボウルをかぶって写真撮影できるようになっていたのである。[22] 翌二〇一五年には、マサチューセッツ州でも申請があった。州の自動車登録局は一度却下するが、申請者はヒューマニスト団体の協力で不服申し立てを行い、湯切りボウルをかぶっての写真撮影が認められた。[23]

さらに二〇一六年、ニュージーランドで世界初のスパモン教の結婚式が合法的に執り行われた。ニュージーランドでは、政府に認可された司式者だけが法的に有効な結婚式を執行できるが、スパモン教の司式者が初めて認められたのだ。新郎新婦は海賊の衣装をまとい、パスタで作った指輪を交換し、縁と共に麺を結んだのである。[24]

そして二〇一九年、アラスカ州のキナイ郡の議会にパスタファリアンが登場した。アメリカでは、議会などの冒頭で聖職者が祈りを捧げる習慣がある。従来は、議会が認めた宗教団体の代表者だけが行ってきたが、州裁判所はこれを違憲とした。判決後、議会冒頭の祈りに対して、無神論者や魔女など様々な人から申し込みがあり、パスタファリアンの男性にも順番が回ってきたのである。彼は湯切りボウルをかぶるのはスパモン教会の正装だと述べてから席につき、「アーメン」ではなく「ラーメン」という言葉で祈りを締めくくった。[25]

ただし、こうした戦法は必ずしも上手くいくわけではない。

二〇一八年、オランダの大学生が身分証明書の写真で湯切りボウルをモチーフにした帽子をかぶる権利を求めたが、裁判所は、スパモン教は「本質的に風刺であって、真剣な信仰ではない」として退けた。学生は訴えを欧州人権裁判所に持ち込んだが、やはりスパモン教は宗教批判の運動であり、当事者の感じ方に関わりなく、「真剣な宗教ではない」と判断された[26]。

スパモン教会は、数あるパロディ宗教の中でも比較的ネットワーク化され、伝統宗教とそれを特権的に守る制度や法律への異議申し立てをユニークな実践に落とし込んでいる。その意味で、最も活動的なパロディ宗教の一つと言えるが、そもそもどのような経緯で誕生したのだろうか。実は、スパモン教の誕生は、本書の主題である二一世紀の宗教と科学の戦いと直結している。

なぜスパモンは召喚されたのか

スパモン教の創設者はオレゴン州出身のボビー・ヘンダーソン（一九八〇年〜）である。彼がスパモンの存在を初めて明かしたのは、二〇〇五年の公開書簡の中だ。以下は、その前半部分である。ヘンダーソンは、学校教育をめぐるある動向に対する危惧を表明している。

インテリジェント・デザインという代替理論を進化論と一緒に教えるべきかどうかを決める公聴会について読み、大変心配になったのでこの手紙を書いています。生徒が自分にとって最適な理論を選べるよう、複数の視点を学ぶのが重要なことは誰もが認めるでしょう。しかし、私は、生徒がインテリジェント・デザインの中の一つの理論しか教わらないことを心配しています。

インテリジェント・デザインについては第3章で詳述するが、何らかの知的存在が宇宙を創造したという主張である。自然科学の言葉や概念を使うのが特徴で、科学風味の創造論と理解すればよい。

インテリジェント・デザインにはいくつも説があることを忘れないでください。私も含め世界中の多くの人々が、宇宙は空飛ぶスパゲッティ・モンスターによって創造されたという強い信念を持っています。私たちが見て感じる全てを創造したのはスパモンです。進化の過程を示す圧倒的な科学的証拠はスパモンによって用意された偶然の産物だと私たちは強く感じています。

このような理由から、私は本日この手紙をしたため、この代替理論を他の二つの理論と一緒に学校で教えるよう正式に要請します。この要請が受け入れられない場合、法的措置をとるしかありません。私たちが何を言いたいのか、お分かり頂けるはずです。もしも、インテリジェント・デザイン論が信仰ではなく別の科学的理論に基づいているというのであれば、あなた方は、私たちの理論を教えることも認めなければなりません。私たちの理論も信仰ではなく科学に基づくからです。[27]

冒頭にあるように、二〇〇五年、生物進化の教育をめぐる公聴会《ヒヤリング》がカンザス州で開催されることになり、それに対する危機感からスパモンは生み出されたのだ。

日本では、米軍占領期の一九四七年の学習指導要項の時点で、高校生物に「人も他の生物も長い時代を経て変遷した」「生物の類縁は進化の道筋を示している」という文言がある。[28] 西洋史では、人類の発生は今から約三〇万年以上前であり、当初は「極めて原始的な猿類に似た動物」だったが、三万～五万年前に「容貌・骨格共に現在と変わらない人類、即ちホモ＝サピエンス（Homo Sapiens）が発生した」と述べられる。当然、現行の高等学校学習指導要領でも、生物の授業で観察・実験・資料を通して進化の仕組みを学ぶことになっている。[29]

進化の詳細なメカニズムについては様々な意見があり、現在も新たな知見が積み重ねられている。

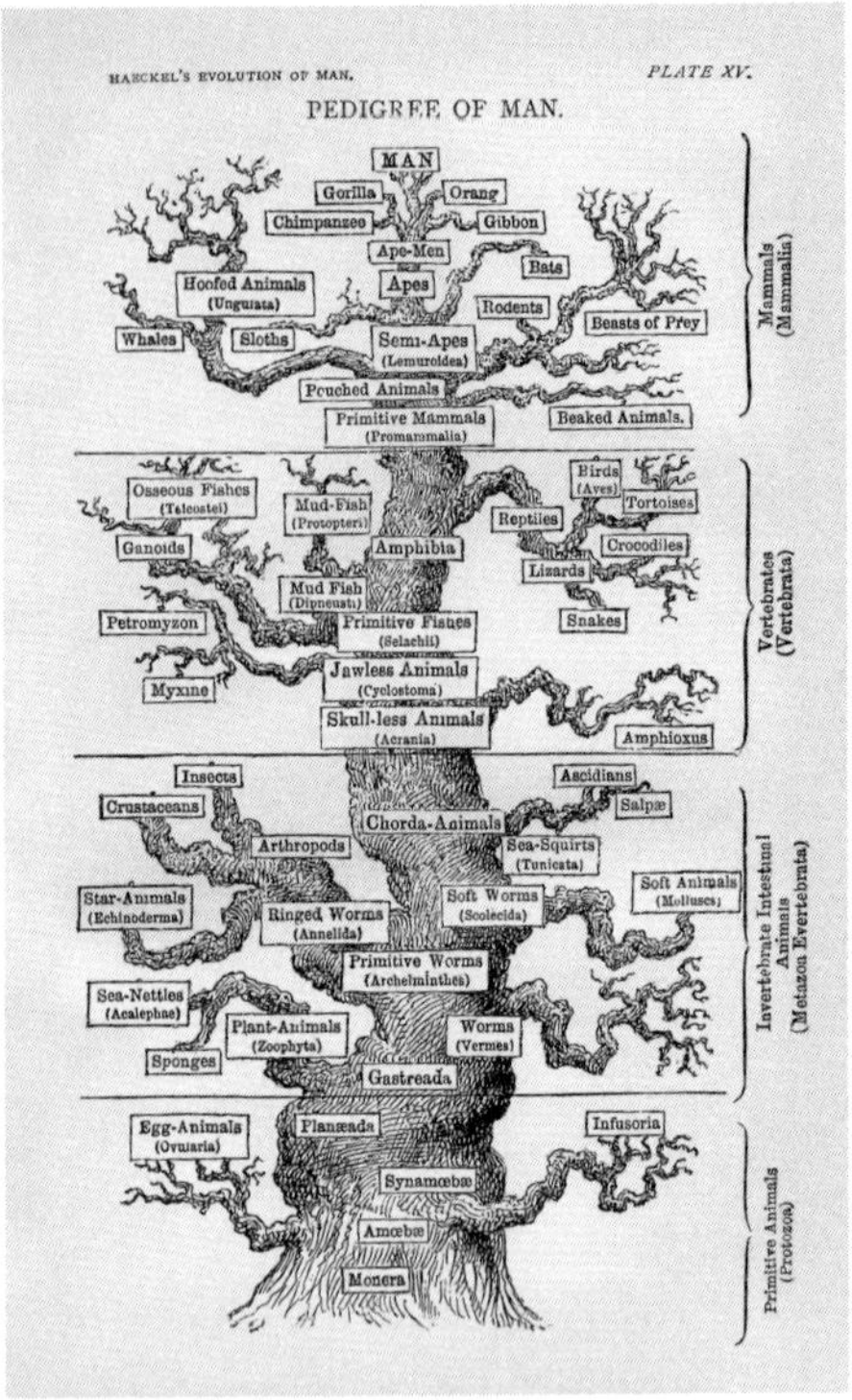

エルンスト・ヘッケルの「生命の樹」。1879年

だが、次のようなチャールズ・ダーウィンのアイディアに根本的な異論はないはずだ。つまり、生物の個体には様々な変異（首が長い、色が黒い、くちばしが硬いなど）が生じ、その環境下での生存繁殖を有利にする変異は次世代以降にも引き継がれる。この突然変異と自然淘汰《とうた》の積み重ねによって、生物は長い時間をかけて形を変え、時に新たな種が生み出されるのである。

言うまでもなく、私たち人間も進化の例外ではない。数百万年前には、チンパンジーと共通の祖先が存在したはずだし、さかのぼればハエやクジラと共通する祖先もいる。つきつめれば、あらゆる生物はバクテリアのような最も原始的な共通の祖先から分化してきたのである。

日本では少なくとも八〇年も前から進化論は常識であり、その教育の妥当性を今さら検討するなどあり得ない。なぜ二一世紀の科学大国アメリカで、改めて生物進化の教育方針を議論しなければならなくなったのだろうか。

実は、カンザス州の公聴会は仕組まれていた。裏で糸を引いていたのが創造論者である。彼らは進化論に異議を唱え、様々な手段で科学の信頼性を低下させようとする。目的は、公教育を足がかりにしてキリスト教の世界観と価値観を広めることだ。創造論者の暗躍があったからこそ、ヘンダーソンはスパモンを召喚せざるを得なくなったのである。

とはいえ、カンザス州の公聴会は突発的に生じたものではない。そこに至るまでにも、長きにわたる攻防が繰り広げられてきた。カンザス州の公聴会が持つ意味を明らかにするためにも、次章では、全ての始まりとなった大騒動をふり返っておこう。

舞台はおよそ一〇〇年前、稀《まれ》にみる熱波に襲われた真夏のテネシー州である。

ダロウ「ヨシュアが太陽を止めたと信じていますか？」
ブライアン「私は聖書の話を信じている。君は、地球が静止したと言いたいのかね？」
ダロウ「どうでしょう。私は聖書の話をしているんです」
ブライアン「私は聖書を絶対的に受け入れる」

第2章 猿の町のエキシビションマッチ

1　モンキー・ビジネス

新米教師、告発される

一九二五年の夏、テネシー州の田舎町デイトンで、ある裁判が大騒動を引き起こす。

一般には被告人の名前をとってスコープス裁判と呼ばれるが、進化論との関わりからつけられた猿裁判《モンキー・トライアル》という別名でも知られる。

ジョン・トマス・スコープス（一九〇〇〜七〇年）は当時二四歳、前年にケンタッキー大学を卒業し、高校教師として着任したばかりであった。彼はある軽犯罪で告発されるが、その裁判は史上初めてラジオで全米中継され、現地には裁判を一目見ようと観光客や記者が殺到し、この夏、デイトンは世界一注目を集める町になる。いったい新米教師は何をしでかしたのか。

スコープスの容疑は、制定されたばかりのバトラー法の違反である。この法律は、公立学校など税金が投入された教育機関で、聖書が語る神の創造を否定し、人間が下等な生物の子孫だと教えることを禁じていた。要するに、反進化論法である。

法律の起草者ジョン・ワシントン・バトラー（一八七五〜一九五二年）はテネシー州の農家であったが、大学進学した若者たちが聖書を否定するようになったと聞いてショックを受ける。聖書はアメリカの精神的基盤ではないのか。バトラーは一念発起して州下院議員となり、人々の心を蝕《むしば》む近代と科学からキリスト教を守るための法律を提出した。

こうした舞台設定からは、理想に燃える青年教師を想像するかもしれない。因習的な法律に対抗し、懲罰を覚悟で生徒たちに真実を伝えた熱血教師の物語である。

だが、スコープスが大学で学んだのは法律であり、生物学の専門教育は受けていなかった。しかも高校での主な仕事はアメフト部のコーチだ。彼が授業をする機会は限られ、正規教員の穴埋めとして科学全般を教える程度であった。なぜ、スコープスは告発されたのか。

猿町ダイアリー

裁判の二ヵ月前、学校で生徒たちとテニスを楽しんでいたスコープスは、町のドラッグストアに呼び出される。店主のフレッド・ロビンソン以外にも、石炭鉄鋼会社のエリア・マネージャーであるジョージ・ラッペリアや法律家スー・ヒックスなど、デイトンの町のリーダーたちがそろっていた。スコープスにソーダ水を出すと、彼らはバトラー法を破り、ひと騒動起こす話を持ちかける。[1]

裁判1ヵ月前のスコープス

当時のデイトンにはこれといった産業はなく、一九世紀末に三〇〇〇人を超えていた人口も半分程度に落ち込んでいた。ロビンソンたちは町の衰退を懸念し、裁判による町おこしを思いついたのだ。聖書と進化論をめぐるスキャンダラスな裁判で町の知名度を上げ、観光客や投資を呼び込もう。そしてスコープスは、やらせ裁判にうってつけの役者であった。まだ若く独身で、裁判に巻き込まれて傷つく家族もいない。デイトンの出身でもなく、この町で一生暮らすつもりもなさそうである。

とはいえ、スコープスは逮捕・告発されることを渋る。生物学を本格的に学んだわけでもなく、進化論に思い入れもない。それでも、ロビンソンたちは裁判後の生活支援についても話し、アメリカ自由人権協会が味方についてくれると口説き落とす。

アメリカ自由人権協会は、言論の自由を守ることを目的に一九二〇年に設立されたばかりの組織であった。一〇〇年後の現在、一七〇万人を超える会員と五〇〇〇人の弁護士を抱える巨大組織になっているが、その最初の戦いがスコープス裁判だ[2]。バトラー法の制定からまもなく、同協会は、試験的に裁判を起こす人々を募った。裁判になった場合には法的・財政的な支援を提供する旨を新聞広告に出し、ロビンソンたちはそれを見て進化論裁判による町おこしを企てたのである。

こうしてスコープスは提案を受け入れ、その場で逮捕された。といっても、ロビンソンが「進化論を教えた男を逮捕したところだ」と地元紙に電話をかけただけだ。スコープスは拘束もされず、テニスをしに学校へ戻り、他の面々も仕事に戻っていった。世紀の裁判の静かな始まりである。

仕掛け人たちが一番慌てたのは、スコープス弁護団が、デイトンよりも裁判所などの施設が充実した別の町で裁判を起こそうとした時だろう。裁判は町の知名度アップのための興行だ。よそで行われては意味がない。早速、スコープス裁判エンターテインメント委員会が組織され、観光客の受け入れ準備を進めた。裁判所の壁を塗り直し、傍聴席も大幅に追加した。こうして裁判の地元誘致に成功したのである。

裁判が近づくと、町の商店には進化論を扱った書籍が並び、猿やチンパンジーを連れたテキ屋も現れ、観光客や町の人々に記念撮影させて金を稼いだ。猿の木彫り人形やぬいぐるみが売り出され、猿の顔をあしらった記念コインも鋳造された。仕掛け人のロビンソンも店に猿を手配して広告塔にした。警官のバイクには「猿町警察」と書かれていた。

裁判の話を聞きつけたキリスト教の伝道師たちも各地から集まってきた。彼らは町中で説教を行い、進化論を批判し、スコープスや弁護団に回心を求めた。その一人、トマス・セオドア・マーティン（一八六二～一九三九年）は一九二〇年代の反進化論運動のキーパーソンだ。マーティンは説教をしながら著書『地獄と高校』を配って歩いた。進化論教育は多感な時期の子供に毒を飲ませるようなものであり、聖書を否定する教育機関への税金投入は打ち切るべきだと主張する本である。町をあげての一大イベントが始まった。

大統領候補の参戦

しかし、まだ欠けているものがある。舞台に上がる役者だ。進化論に思い入れのない二四歳の新米教師だけでは、さすがに華がない。

仕掛け人たちは、『タイム・マシン』や『宇宙戦争』で知られるイギリスの小説家H・G・ウェルズに弁護団への参加を依頼するが、「法律の知識がない」という当然の理由で断られる。有名人なら誰でもよいという思惑が透けて見える逸話だが、結局、検察団と弁護団のそれぞれにウェルズに匹敵する大物が参加して裁判を盛り上げる。

検察に名乗りをあげたのは、ウィリアム・ジェニングス・ブライアン（一八六〇〜一九二五年）だ。政治家としてキャリアを重ねた人物で、史上最年少の三六歳の時を皮切りに、三度にわたって民主党の大統領候補に選出された。三度も大統領選に敗れたとも言えるが、第一次大戦中には国務長官の重責を担った大物政治家である。

政治的にはリベラルで、庶民に寄りそう姿勢から「偉大なる平民」と呼ばれ、優れた演説能力で絶大な人気を誇った。スコープス裁判の時には政治家としてのキャリアはすでに終え、反進化論運動のリーダーとして講演や著述に力を注ぎ、一九二〇年には『ダーウィニズムの脅威』というパンフレットも作成していた。岩の年代《エイジズ・オブ・ロックス》ではなく千歳の岩《ロック・オブ・エイジズ》、つまり社会の礎《いしずえ》としてキリスト教を尊ぶべしというのがブライアンの信念である。

背景にあったのはキリスト教原理主義だ。資本主義化や工業化が進んでいた当時のアメリカでは、科学と矛盾しないリベラルな聖書理解が広まりつつあった。原理主義《ファンダメンタリズム》という呼称は、そうした動向に反発して一九一〇〜一五年にかけて発行された冊子『根本原理《ザ・ファンダメンタルズ》』に由来する。この冊子は、聖書は一字一句まで正しく、一切の矛盾や誤りはないとする聖書無謬《むびゅう》説の立場から書かれている。つまり、聖書に書かれた通りに、イエスは実際に処女マリアによって降誕した神の子であり、十字架の死の後に本当に肉体的に蘇り、いつの日かこの世に再臨するというのである。

ブライアンは、原理主義（もしくは根本主義）の立場から、新聞に論説を寄稿し、進化論を教える大学を批判し、反キリスト教的な教育から子供たちを救い出す運動に夢中になっていた。スコープス裁判の二年前には、フロリダ州議会で進化論教育を非難する決議がなされたが、この決議を通すための支援活動にも関わった。

裁判の三日前、ブライアンが乗った列車がデイトンに到着する。普段は通過する特急列車が特別に停車し、町の半分以上の人が出迎えた。町のホテルで歓迎パーティーが開催され、被告人スコープスも偉大な政治家を町に呼び寄せた功労者として招待された。ブライアンは数年前にある高校の卒業式で講演したが、スコープスがその時に騒ぎを起こした学生の一人であることも覚えていた。

スコープス裁判のダロウ（左）とブライアン。1925年

いかにも元政治家らしく、ブライアンは町の人と気さくに話し、集まった記者に対して、この裁判は「死闘」になると語った。猿裁判というお祭り騒ぎを盛り上げるためのリップサービスだったのかもしれないが、この言葉は不幸な形で実現してしまう。

伝説の弁護士の登場

弁護団に志願したのがクラレンス・ダロウ（一八五七〜一九三八年）である。工場勤務、教員、法律事務所での見習いなどを経て弁護士になった努力の人だ。

当初は故郷オハイオ州の田舎町に事務所を構え、土地の境界線問題、馬の取引、喧嘩の仲裁などを扱っていたが、三十代を迎える頃に頭角をあらわす。シカゴ市や鉄道会社の顧問弁護士を務め、労働問題・政治案件・刑事事件と広く手腕を発揮した。講演や執筆も行い、スコープス裁判の頃には全米で最も高い報酬を得る刑事弁護士になっていた。スコープス裁判は、そんな凄腕の弁護士が無報酬で引き受けた生涯唯一の案件である。

ダロウは、宗教の権威や束縛を嫌う自由思想《フリー・シンカー》の持ち主の両親に育てられ、強い自立心と権力への反骨心を植えつけられた。彼の宗教に対する姿勢は「私が不可知論者である理由」という文章に詳しく述べられている。[3] 不可知論とは、神のような超越的存在について人間は全てを知り得ない、この世界には人知の及ばない領域があると考える立場だ。科学的合理的に疑い続ける姿勢を大切にし、ダロウの場合、無神論と同じ意味である。

ダロウによれば、実は、信仰を持つ人々も不可知論者である。というのも、信仰者も自分が信じない宗教には疑念を抱くからだ。カトリック信者はプロテスタント信仰を疑い、プロテスタント信者はカトリック信仰を疑い、キリスト教徒は仏教を疑う。このロジックは現代の無神論者もしばしば使う。無神論者は全ての宗教を疑い、信仰者は自分が信じる宗教以外の全ての宗教を疑う。したがって、両者の違いは一つの宗教を疑うかどうかでしかない。そして、自分の宗教だけを特別視するのは間違っているというのである。

ダロウによれば、キリスト教の核心には、神、魂の不死、聖書の三つに対する信仰がある。しかし、神と言われても、例えばラクダのように物質として存在するイメージすら思い浮かばない。魂も同様だ。人間は細胞からできており、それがバラバラになるのが死だ。そこに魂などという正体不明の要素が入り込む余地はない。そして聖書は、異なる時代に人間が作った古文書をまとめたものにすぎない。

ダロウにとって、神への恐れは知性の死である。疑うことが知性の始まりだ。前近代は恐れと信仰の社会であったが、現代は懐疑と探求の社会である。不可知論者こそ、近代人のあるべき姿なのだ。

したがって、科学教育を妨害するバトラー法は徹底抗戦すべき悪法であり、スコープス裁判にはアメリカ人の知性の未来が賭けられていたのである。

2　争点なき裁判

法廷を導く神

大統領候補に上りつめた政治家と当代一の刑事弁護士という二人の看板役者を得て、スコープス裁判はヒートアップする。むしろ、最初にキャスティングされた被告人スコープスは置いてきぼりの感さえある。というのも、この裁判には争うべきことが何もない。

バトラー法はテネシー州議会を通過した正式な法律であり、スコープスはそれに違反して進化論を教えたことを否認していない。争点や謎は一つもなく、バトラー法が定める違反一回につき一〇〇〜五〇〇ドルの罰金を納めれば、それで済む話なのである。

弁護側はいくらスコープスの潔白を主張しても勝ち目はないし、そもそも新米教師の身を案じていたわけでもない。この裁判は、ダロウやその背後のアメリカ自由人権協会にとって、今後キリスト教原理主義者と戦ってゆくための練習試合である。弁護団の狙いは、バトラー法そのものの攻撃だ。反進化論法が政教分離に違反し、学問と言論の自由を犯すものだとメディアを通じて全米にアピールする。そして似たような法律が他の州に広がるのを防ぐのが真の目的だ。スコープスの弁護は、その口実にすぎない。

　裁判が始まると、弁護団はまず法廷の環境について異議を申し立てた。

「毎日聖書を読みましょう」と書かれた幕が垂れ下がり、その下に、何の疑問もなさそうな顔をしてジョン・ロールストン判事が座っている。そして前章でも述べたように、アメリカでは議会などの冒頭で祈りを捧げる習慣があるが、スコープス裁判も同様だった。裁判初日の七月一〇日、「可能な限り最善で、最も賢明なことを行ったと自覚して法廷を去れるよう、各人に知恵を分け与え」てもらえるように牧師が神に祈りを捧げた。[4]

　ダロウはこの開廷の祈りを中止するよう申し立てる。弁護団にとって、スコープス裁判の本質は科学と宗教の対立である。その冒頭で、連日祈りを捧げられてはたまらない。法廷は教会ではないのだ。祈りによって宗教優位の雰囲気が醸成され、陪審員の判断にも影響を与えてしまう。

　しかし、検察側も反論する。そもそもスコープス裁判の争点は、科学と宗教の対立などという大袈裟なものではない。新米教師の軽犯罪を争っているだけだ。したがって長年の習慣通り、開廷の祈りを捧げることに何の問題もないと主張した。弁護団が科学と宗教の対立へと戦線拡大を図るのに対し、検察は、裁判をスコープスの軽犯罪を審議する場にとどめ置く戦略である。

　判事は検察に同調した。というより、開廷の祈りの何が問題なのかがピンときていなかった。これまでも判事は牧師の祈りによって自らの法廷を開始させてきたし、祈りはそこで裁かれる事件とは無関係だという。そして、判事自身は祈りを信じており、法廷でもそれ以外の場所でも常に神の導きを求めていると述べ、ダロウの申し立てを却下したのである。

猫と人間は同じ？

検察は新米教師の軽犯罪に焦点を絞り、それを裏づける証人を集めた。
最も重要なのはスコープスの生徒だ。裁判四日目、一四歳のハワード・モーガンが証言台に立ち、スコープスの授業について次のように答える。

はい、そうです。［授業をうけたのは＝筆者注、以下同］今年です。スコープス先生によると、地球はかつて高温の溶岩の塊で、植物や動物が生きるには熱すぎました。［その後］海によって地球は冷やされ、単細胞生物が生まれました。この生物が進化し続けてかなり大きな動物になり、さらに陸生動物が生まれ、それからも進化が続いて人間になりました。

スコープスは聖書の天地創造を否定し、人間は単細胞生物の子孫であると教えた。この証言を得た検察としては、あとは授業がバトラー法の施行以後だったと証明すればよい。

検察　「それじゃあ、今言ってくれたようなことをスコープス先生が教えたのはいつかな？」

モーガン「四月でした」
検察　「授業中に?」
モーガン「はい、そうです」
（中略）
検察　「ハワード、さらに聞きたいのだけど、スコープス先生は他の動物と比べて人間をどのように分類したかな?　彼は何と言っていた?」
モーガン「えっと、教科書も先生も、人間を猫、犬、牛、馬、猿、ライオンなどと同じものに分類していました」
検察　「先生はそれを何と言っていた?」
モーガン「哺乳類です」
検察　「人間を犬、猫、馬、猿、牛と同じものに分類したんだね?」
モーガン「はい、そうです」
検察　「その授業は今年の四月二日か三日あたりだね?」
モーガン「はい、そうです」

続いて弁護側のダロウが反対尋問を始める。

ダロウ　「では、ハワード、分類とはどういう意味かな?」

モーガン「はい、さっき言ったように動物を分類するというのは、人間がそれと同じだというこ
　　とです」

ダロウ「スコープス先生は、猫は人間と同じだとは言ってないね？」

モーガン「ええ、言ってません。人間には論理的に考える力があるけど、動物にはないと言って
　　いました」

ダロウ「それに関してはちょっと疑問もあるけど、先生はそう言ったんだね？」

（法廷に笑いが起こる）

検察「一部の人には論理的に考える力があるでしょう」

ダロウ「いやいや、とても多くの人にありますよ」


この後もダロウはベテラン弁護士らしく、ユーモアを交えながら尋問を進める。だが、結局モーガンに確認できたのは、スコープスの授業が生徒を傷つけなかったことだけである。

同じ日には、裁判の仕掛け人の一人であるロビンソンも証言台に立った。検察側の証人としてである。ロビンソンは「バトラー法を知りつつ、授業で生物進化を教えた」とスコープスが自分の店で話していたと証言する。

反対尋問でダロウは、スコープスが使用した教科書であるジョージ・ハンター『市民の生物学』（一九一四年）がロビンソンの店で売られており、彼自身が教育委員会のメンバーであることを指摘する。ロビンソンが臆面もなく「はい、その通りです」と答えると法廷は笑いに包まれた。検察の「バ

トラー法は進化論の教育を禁止しているが、販売は禁止してないですよ」という横槍がさらなる笑いを誘った。ダロウは、進化論の記載がある教科書を販売しつつ、スコープスを告発することに心理的葛藤はないかロビンソンに尋ねるが、何も有益な証言を引き出せずに終わる。

当然である。この裁判はそもそも茶番であり、スコープスの有罪は誰の目にも明らかなのだ。この時点で裁判を終えてもよかったのである。

聖書と科学はもちろん両立しない

裁判を科学と宗教の対立問題へと押し上げ、集まったメディアを通じてキリスト教原理主義の危険性を訴える。それを目的とする弁護団にとって痛手だったのは、進化論や聖書研究の専門家たちの証言が認められなかったことである。

ダロウは、生物学者の証言によって進化とは何かを正確に伝え、文献学者の証言を通じて、原理主義者のように聖書を文字通りに読むのではなく、より知的で合理的な聖書理解があると示したかった。そうした正しい情報提供がなければ、陪審員もこの「科学と宗教の究極の戦場」において真っ当な判断はできないと主張した。

しかし、検察側は専門家の証言を潰しにかかる。

この裁判はバトラー法の違憲性を検証する場ではないし、ましてや進化論と聖書のどちらが正しいのかを争う場でもない。新米教師の軽犯罪を裁く場に、科学者や聖書研究者は不要だというのである。もっともな主張である。そして、検察側の親玉ブライアンが重い腰をあげる。進化論とそれを支持する専門家たち、そしてダロウ本人をぶちのめすための演説を始めたのだ。

ブライアンによれば、進化論は根拠薄弱な仮説にすぎない。科学者たちは、海の底の単細胞生物が進化し、ある種から別の種が生まれ、その果てに人間が生まれたと主張する。だが、証拠は示さないし、生命の起源を説明できない。ダーウィン自身、「万物の起源は人間には解けない謎である」として語ろうとしなかった。それにもかかわらず、子供たちは学校で進化論という妄想を教えられて信仰を失い、両親が信じる聖書を嘲笑《あざわら》うようになってしまう。

ブライアンの演説に引き込まれた判事が「それでは、進化論が聖書と両立する見込みはないのでしょうか？」と尋ねると、ブライアンは「もちろん、あり得ない」と即答する。科学者たちは、単細胞生物から始まった進化のプロセスにおいて、どの時点で人間が「魂の不死という希望」を持てるようになったか語れない。科学者の大半は、子供たちの信仰を奪う無神論者だというのである。

そしてブライアンは、このタイミングでとっておきの切り札を使う。メディアや聴衆を味方につけたいダロウが最も嫌がるものだ。およそ一年前、シカゴで起きた誘拐殺人事件の話である。

病的な殺人鬼と病的な死刑廃止論者

一九二四年五月、シカゴ郊外の排水路で少年の死体が発見される。

身元をつきとめられないように、死体は全裸にされ、顔と性器は酸で焼かれていた。しかし、現場には犯人のものと思われる眼鏡が落ちていた。珍しいタイプの眼鏡だったため、これが手がかりとなり、一九歳のネイサン・レオポルドと一八歳のリチャード・ローブが逮捕される。

二人は裕福な家庭で育ったシカゴ大学の学生だ。しかも、とびきりの秀才である。レオポルドは一五歳で大学入学し、事件当時はロースクールで学び、ハーバード大学への進学も決まっていた。自然観察が好きでアマチュア鳥類学者としても名を馳せていた。ローブも同様で、史上最年少でミシガン大学を卒業し、シカゴ大学では歴史を学んでいた。恵まれた二人は、なぜ少年を殺したのか。

レオポルドはフリードリヒ・ニーチェの哲学、とりわけ超人の思想に強く惹かれていた。

超人は、日々の生活に追われ目先のことしか考えない弱い大衆とは隔絶した強者である。したがって超人は、一般の倫理道徳や法に縛られず、自らの意志によってのみ行動する。これがレオポルドの超人思想の理解だ。キリスト教が説く善や万人への愛の対極に位置する選民思想である。

そしてレオポルドとローブは超人思想を短絡的な行動に移す。超人としての体験を深めるためなら殺人も許されると考え、ゲーム感覚で完全犯罪を成し遂げようとしたのだ。顔見知りの一四歳のボビー・フランクスを騙《だま》してレンタカーに誘い込み、ノミで何度も頭を貫いて殺害した。死体を捨てた排水路は、レオポルドがバードウォッチングの際に見つけた場所である。

いかにもニーチェ哲学をはき違えた金持ち大学生の猟奇的な犯罪である。同情の余地は微塵《みじん》もない。家族は何人も弁護士を雇ったが、お手上げ状態だった。二人とも誘拐と殺人を自供しており、絞首刑は確実に思われた。そこで声をかけられたのがダロウである。彼の依頼人は、これまで一人しか絞首台に登っていない。まさに伝説の弁護士である。

しかし、ダロウは弁護を引き受けるべきか迷う。二人の親は大変な資産家で、高額の報酬が期待できる。だが、六十代も半ばをすぎ、今さら金に興味はない。何より世間の二人に対する敵意が凄まじい。わざわざ世論に真っ向から敵対し、この難しい案件を引き受けるべきなのか。

深く悩んだが、最終的には引き受けることを決める。ダロウは極めて熱心な死刑廃止論者だったのだ。絞首刑が行われる日には町を離れるほどで、病的にあらゆる殺人に反対していたのである。[5]

さすがのダロウもレオポルドとローブを無罪にするのは無理だと考え、死刑の回避に専念する。だが、世間は二人に一切同情していない。残酷な犯行は新聞で詳しく報道され、尾鰭《おひれ》がついた話も出回っている。それを知った陪審員たちが量刑を決めれば、間違いなく死刑が言い渡される。そして、二人の犯罪を知らない陪審員など、どこにもいない。

リチャード・ローブ（左）とネイサン・レオポルド（右）。1924年。CC BY-SA 3.0 DE

そこでダロウは陪審裁判を避けるための奇策に出た。裁判が始まると、すぐに二人の有罪を認めてしまったのだ。そして弁護側からの証拠提出は行わず、検察の証人への反対尋問も行わなかった。こうしてダロウは、陪審裁判ではなく、裁判官が量刑を判断する状況を作り出し、この事件が少年犯罪であることを強調した。最終答弁は一二時間に及んだ。

一〇〇年以上にわたるイリノイ州の裁判の歴史で、未成年に死刑判決が下されたのは二例しかない。ダロウの見立てでは、その二人にしても有罪を認めていれば終身刑で済んでいたはずである。そして、裁判官が過去の判例をくつがえすことは容易ではない。

こうしてダロウの目論見《もくろみ》通り、レオポルドとローブには、殺人については終身刑、誘拐については懲役九九年という判決が下された。死刑は回避されたのである。

生きる理由などあってはならない

後年、ダロウはこの裁判を回想しているが、そこで語られる生命観が興味深い。

なぜ、ダロウはそこまで強く死刑に反対だったのか。なぜ、非道な殺人鬼も含め、あらゆる人は生き続けるべきだと信じたのか。

キリスト教では、人間の命は神によって与えられ、誰しも果たすべき使命があると説かれる。とりわけ職業が重要で、それを天職としてまっとうすることが神の意志にかなう。人生の意味や目的は神によって設定され、職業を通じて神に応えることが生きる理由の源泉になる。

しかし、不可知論者ダロウの生命観は大きく異なる。

ダロウは「人間はそもそも世の中で何らかの価値を持つことが必要なのか」と問う。世の中のほとんどの人は役に立たないし、どんな人であれ、その人を無価値だと言い出す人がいる。だから人間に価値などいらない。その人が「死にたくない」と思っているだけで十分に生きるに値する。というより、それ以外に生きることを正当化する理由などあってはならないのである。

こうしてダロウは死刑回避に成功したが、当然ながらレオポルドとローブへの敵意の一部を引き受けざるを得なくなる。悪魔のような殺人鬼を弁護したことで、裁判中から嫌がらせの手紙が山のように届き、事務所への出勤もままならなかった。そして一年後のスコープス裁判当時、ダロウは全米で最も有名で最も高額な報酬を受け取る伝説の弁護士であったが、その伝説には、金のために善悪を歪めた強欲な弁護士という悪評もつきまとっていた。

もちろん、ダロウは己の信念にしたがっただけで、恥じいるようなことは一切ない。だが、この事件は、無神論者は倫理と善悪の観念を欠いた人格破綻者であるというイメージを強化するのにうってつけであった。そして、政治家のブライアンが敵の弱みを見逃すわけがない。

伝説の弁護士の大ピンチ

ブライアンの演説に戻ろう。

ロールストン判事に進化論と聖書の両立可能性について問われると、ブライアンは和解の余地は一切ないと即座に否定した。それに続けて、テネシー州の外からやって来たダロウたちは、神や天国への信仰を否定する進化論の教義を子供たちに押しつけ、聖書に基づく道徳を奪おうとしていると非難する。そして、神や聖書を否定する教義を作り出したのがニーチェであると断言し、一年前のレオポルドとローブの裁判の話を始めた。

このダロウという男は、二人の大学生は超人思想に心酔し、それを実践したのだから、彼らに責任はないと弁護した。ニーチェ哲学を教えた大学や教員の方が、殺人者本人たちより大きな責任があると言い出した。そして今、ここテネシー州で進化論と共に反道徳的な教義を広めようとしている。

ダロウは事実に反すると申し立てるが、ブライアンは、それなら一年前の裁判でのダロウの発言をこの場で読み上げてもいいと受けて立つ。ダロウは、読み上げるなら、自分の発言全てを読み上げてほしいと食い下がるが、ブライアンは、「私は自分が読みたい部分を読み上げるし、残りは君が読めばいい」と法廷を笑わせる。

そして読み上げられた裁判記録の中で、ダロウは右のような発言をしていた。ニーチェの本はシカゴ大学の図書館に大量に所蔵されており、その哲学を真剣に受け取り、行動に移す者がいた場合、責められるべきは大学や教員や出版社であり、ニーチェを学んだ一九歳の少年ではない。確かにダロウはこのように述べていた。

ブライアンは止《とど》めを刺しにいく。ダロウたちは、専門家に聖書を学術的に解説させようとしている。だが、専門家など役立たずだ。彼らは聖書が霊感を受けて書かれた真理の書であると信じていない。そんな専門家より、聖書が神の言葉だと信じる者こそ真の聖書の専門家である。信じる者が聖書を最もよく知る。法廷の聴衆からはブライアンに同意して「アーメン」と唱える声も聞こえ始めた。

ブライアンはまくしたてる。聖書は、神の子イエスの生涯の記録だ。その聖書が、進化論を信じる専門家連中によって法廷から追い出されてはならない。教育からも追い出されてはならない。そんなことをして、偉大なるテネシー州に恥をかかせてはいけない。この裁判は、あくまで州法に違反して進化論を教えた教師を裁く場だ。単純明快な事件である。

ブライアンは演説を締める。もしも弁護側が進化論と聖書について論じたいなら、まずはこの裁判をさっさと終わらせろ。それから模擬法廷でも開けばよい。その目的が「神の言葉を人々の心から追放することであれば、それこそ模擬法廷という名にふさわしい」場になるはずだ。ブライアンが話し終えると、法廷は万雷の拍手に包まれた。中立であるはずの判事も拍手を制さず、そのまま休憩となった。ブライアンの演説は法廷の聴衆たちの心を鷲づかみにしたのである。

審理が再開すると、ダロウは釈明に追われる。

殺人の責任はシカゴ大学にあるとは考えていない。高いビルを建てる時には作業員が転落死する事故が起きるように、どんな思想も犠牲者を生み出してしまう。そしてレオポルドは、個人的に超人思想を信奉していたのであってシカゴ大学は関係ないと説明するが、実に苦しい局面である。

即座にブライアンが追い討ちをかける。ニーチェはダーウィンを絶賛し、ナポレオンの次に偉大な人物に数えていたではないか。超人思想は、意志と力を有する適者が生き残るという進化論の焼き直しだ。そして、進化論の教義を信奉したニーチェは無神論者となり、発狂して親まで殺そうとした。進化論は倫理道徳を破壊する危険思想だというのである。

結局、判事は専門家の証言を認めないことを決める。教師の軽犯罪を裁く場で、進化論や聖書の専門家が証言しても何の意味もない。確かにその通りである。ブライアンの演説が検察に圧倒的に有利な状況を作りだした。

追いつめられて苛立《いらだ》ったダロウは、あろうことか判事を批判してしまう。検察の言い分ばかり認め、弁護側の要求は退ける。この裁判はフェアではない。まずいことに、こうした一連の言動が法廷を愚弄《ぐろう》したとされ、ダロウ自身が法廷侮辱罪に問われてしまった。

裁判の方は、専門家の証言が認められなかったため、検察側と弁護側の最終弁論を残すのみである。しかし、伝説の弁護士は、絶体絶命のピンチでも敵のミスを見逃していなかった。ブライアンは演説の中で致命的な失言をしていた。

3　頂上作戦

直接対決

裁判の最終盤、ダロウは奇襲をかける。

他ならぬウィリアム・ジェニングス・ブライアンを証言台に立たせようというのだ。ブライアンは、学者など役立たずで、神を信じる自分たちこそが本物の聖書の専門家だと言い放った。しかも、それまで検察側がスコープスの軽犯罪に話を限定していたのに対し、ブライアンは進化論を批判するために、科学と宗教の対立を論じてしまった。

ダロウたち弁護団が待ち望んでいた展開である。聖書の専門家としてブライアンを証言台に立たせ、科学と宗教について徹底討論する。「原理主義の教皇」と呼ばれるブライアンを引きずり出して直接叩き、裁判所につめかけた記者やラジオ中継を通じて、原理主義者の危険性を知らしめるのだ。

ブライアン以外の検察メンバーは猛反対した。スコープスの罪について、ブライアンが証言できることなど何もない。判事も検察に同調する。追いつめられたダロウは、仕返しにブライアンの暴露話でも始めるのではないか。当然、ブライアンが証言台に立つ必要はない。ブライアンは、スコープスの授業とは全く関係がない検察の一員だ。現代の法廷では、あり得ない展開である。

しかし、ブライアンはダロウの挑戦を受けて立つ。裁判をラジオ中継するアナウンサーは「ウィリアム・ジェニングス・ブライアンの登場だ。今、法廷に入ってきました。そのはげた頭頂部は、キーウェストに昇る朝日のようです」と実況した。[6] ブライアンは「どこに座ってほしいかね？」と自信たっぷりにダロウに聞き、二人の直接対決が始まった。スコープス裁判のクライマックスである。

「どれくらい聖書を学び、研究してきたのでしょうか」というダロウの問いに、ブライアンは半世紀以上にわたって聖書を学び、歳を重ねるごとに理解が深まっていると答える。ダロウは一気に核心に切り込み、聖書は文字通りに読まれるべきかを質問する。

ブライアンは、聖書には「あなたがたは地の塩である」といった喩《たと》えもあるが、基本的には文字通りに読まれるべきだと返答する。聖書無謬《むびゅう》説である。文献学や言語学は、聖書が人間の手による歴史文書であることを明らかにしてきた。だが、そうした学問的成果に背をむけ、聖書の言葉は全て霊感を受けた記者によって書き留められた事実であり、一切の矛盾や誤りはないとする信念だ。

聖書無謬説は原理主義者にとって譲れない根本原理である。だが、ダロウは、それこそが敵の最大の弱点であり、さらにブライアンには公言できない信仰の秘密があることも知っている。

地球が静止した日

ダロウは旧約聖書にある預言者ヨナの話から始める。

ヨナが乗っていた船が激しい嵐に遭遇する。ヨナは、嵐の原因は自分が神に背いたからだと船員に告白し、犠牲として自らを海に投げ入れさせる。しかし、神はヨナのために大きな魚を用意していた。その腹の中でヨナは三日三晩をすごし、最終的に陸地に吐き出されたという話である。

ダロウは、大きな魚がヨナを飲み込むために神に創造されたのかを尋ねる。ブライアンは「人知の及ばない奇跡であった」と答えを濁すが、これで十分だ。大きな魚がヨナを飲み込んだのは、想像や喩えではなく、史実ということだ。ブライアンの聖書無謬説を確認したところで、ダロウは次の奇跡へと話を進める。ヨシュア記にある太陽と月の話である。

イスラエルの指導者ヨシュアが、徹夜での進軍ののち、敵軍を急襲して追いつめた。聖書によれば、ヨシュアが「日よ、ギベオンの上にとどまれ、月よ、アヤロンの谷にやすらえ」と大声で祈ると、敵を全滅させるまでの間、太陽が空にとどまった。

ダロウ　　「ヨシュアが太陽を止めたと信じていますか？」
ブライアン「私は聖書の話を信じている。君は、地球が静止したと言いたいのかね？」
ダロウ　　「どうでしょう。私は聖書の話をしているんです」
ブライアン「私は聖書を絶対的に受け入れる」
ダロウ　　「聖書によれば、日を延ばすためにヨシュアが太陽に命令したのですね？　あなたはそれを信じているのですね？」
ブライアン「そうだ」
ダロウ　　「当時は、太陽が地球の周りを回っていたと思いますか？」
ブライアン「いや、地球が太陽の周りを回っていたと思う」

ダロウ　「これを書いた人たちは一日を長くすることができる、あるいは太陽を止めることができると考えていたと思いますか？」
ブライアン「彼らが何を考えていたのかは分からない」
ダロウ　「分からない？」
ブライアン「彼らは自分の考えではなく、事実を書いたんだろう」

ここで検察側が異議を申し立てる。ブライアンが不利になりつつある。当然だ。聖書の記述が科学的な吟味に耐えられるはずがない。しかし、ブライアンが続行を希望する。

ダロウ　「恐らくヨシュア記だからヨシュアなのでしょうが、これを書いたのが誰だとしても、その人は太陽が地球の周りを回っていたと考えていたのでしょうか、それとも違うのでしょうか。どのようにお考えですか？」
ブライアン「彼は霊感を受けていたのだと思う」
ダロウ　「私の質問に答えて下さい」
ブライアン「君が答えさせてくれないんじゃないか」
ダロウ　「単純な質問ですよ、答えて下さい」
ブライアン「君の質問のレベルが私の答えにあっていないんだよ」

ブライアンは聖書の記述から話をそらそうとするが、ダロウは許さない。地球が止まったのか、太陽が止まったのか。地動説を知っているブライアンに天動説の世界観で書かれた聖書を否定させようとする。ブライアンは聖書無謬説に立つのだから、ダロウとしては、一つでも誤りや矛盾を指摘できればよい。次は大洪水の話である。

大洪水はいつ起きたのか

創世記によれば、神は、人間たちが堕落し、地上に悪が蔓延《まんえん》しているのを知り、一度全ての命を根《ね》絶《だ》やしにすることを決める。ただし、神にしたがい正しく生きていたノアには、大洪水を生き延びる方法を教えた。大洪水はグレート・リセットの物語である。ノアを始祖として世界を再建する。神の命令で巨大な箱舟を建造したノアは、家族と全ての生き物の雄と雌を収容し、四〇日四〇夜続いた大雨とその後の大洪水を生き抜いた。

ダロウ　　「洪水の話も文字通りに理解すべきだと思いますか？」
ブライアン「ああ、そうだ」
ダロウ　　「洪水はいつのことですか？」
ブライアン「その時期を特定しようとは思わないが、今朝も話したように、時期については分かっている」
ダロウ　　「紀元前四〇〇四年ごろでしょうか？」

ブライアン「それは現在広く受け入れられている年代だが、個人的にはそれが正確だとは言い切れない」
ダロウ「この数値は聖書に書かれていますか？」
ブライアン「ほとんどの人が、それくらいだと考えていると思う」
ダロウ「しかし、聖書はどのように言っていますか？　この数値はどうやって導かれたのでしょう？」
ブライアン「自分では計算したことがない」

聖書には、それぞれの出来事が起きた年代は書かれていないが、主要人物の系図や年齢、重要な出来事があった時の王の名や在位期間が記されている。こうした手がかりを元に、古くから聖書の出来事の年代を特定するための様々な計算が行われた。

中でも知られているのが「アッシャーの年表」である。一七世紀半ば、アイルランドのジェームズ・アッシャー（一五八一～一六五六年）は、聖書の記述や他の歴史資料を組み合わせ、さらにユダヤ暦が秋始まりであることなどを考慮して、天地創造は紀元前四〇〇四年一〇月二三日だと計算した。のちに若い地球説《ヤング・アース》と呼ばれるもので、地球の年齢を長くても一万年程度と見積もる立場である。

ダロウは、アッシャーが天地創造の年とした紀元前四〇〇四年を大洪水の年としてブライアンにぶつけた。天地創造と大洪水のいずれだとしても、現代の考古学・地質学・生物学などの成果を踏まえれば、あまりに若すぎる。たかだか数千年では、化石の存在、地層の堆積、生物の変化などは説明できるわけがない。
しかもブライアンは自分では計算せず、古くからの説を受け入れているだけだ。アッシャーが生きた一七世紀であれば、それなりに科学的な計算だったかもしれない。当時動員可能な資料と知識を駆使した計算であり、アイザック・ニュートンも似たような手法で天地創造の年代を弾き出した。だが、科学が進歩した現代では、さすがに受け入れがたい数値である。

田園の憂鬱

検察はまたもや異議を申し立てるが、ブライアンがさえぎり、この裁判の本質はキリスト教防衛戦だと宣言する。ダロウたちは、スコープスのためではなく、キリスト教に挑戦するためにデイトンに来た。そしてブライアン自身も「キリスト教を守るためにここにいる。だから、ダロウたちは、好きなように質問すればいい」というのである。傍聴席から大きな拍手が起きる。

ダロウ　「客席から盛大な拍手を頂きましたね」
ブライアン　「君が田舎者と呼ぶ人々からの拍手だよ」
ダロウ　「田舎者なんて呼んだことはありませんよ」
ブライアン　「テネシーの無学な人々、頑固者だよ」
ダロウ　「あなたに拍手を送った方々のことですか？」
（傍聴席から再び拍手が起きる）

ブライアン「君が馬鹿にする人々だろ」

ダロウ　「あなたこそ、この世界の全ての科学者と学問を馬鹿にしている。彼らは、あなたの馬鹿げた宗教など信じていないんですよ」

もはや口喧嘩だが、二人のやり取りは当時の創造論と無神論の戦いの本質を示唆している。

この時代のアメリカは、のちに「狂騒の二〇年代」と呼ばれる社会変動の時期にある。白人女性の参政権や禁酒法などの改革が進むと同時に、大量生産・大量消費の社会が到来する。史上初めて都市人口が農村人口を上回り、高等教育も普及した。[7]その一方で、農村部の人々の発言力や生活文化は急速に掘り崩されていた。

バトラーが反進化論法を提出したのも、学校教育に代表される科学や近代文明が伝統的な田舎の生活を脅かすと考えたからだ。聖書や教会は、昨日まで続いてきた平和と安定の象徴である。毎週末、いつものメンバーがいつもの教会に集まり、牧師の話に耳を傾け一緒に祈る。今後も同じような生活が続くはずだった。しかし、急速な近代化や都市化は、そうした生活やその基盤にある価値観や倫理道徳を揺るがしつつあった。

そして、ダロウのような都会の弁護士は聖書は嘘だと言い放ち、進化論から生まれた超人思想にかぶれた殺人鬼すら擁護する。ブライアンの支持者たちには、科学は社会を混乱に陥れるものに見えていたのである。

ない。

互恵と利他

聖書無謬説は信仰の根幹であると同時に足枷《あしかせ》でもある。そこに留まる限り、ブライアンに勝ち目はない。

ダロウは聖書が人間の手による創作物だと確信した上で、聖書と科学が食い違う点を次々と指摘してゆくが、ブライアンは「聖書にそう書いてある、私はそれを信じている」としか言えない。そうした姿勢は、信仰深いテネシー州の人々にはアピールするが、裁判のラジオ中継を聞く人々や、裁判所につめかけた一〇〇名を超える記者たちが報じたニュースを見聞きする人々にとっては、原理主義者の危険な頑迷さとしか映らない。それを分かりきった上で、ダロウはブライアンを追いつめる。

あなたは天地創造が紀元前四〇〇〇年頃だというが、それでは六〇〇〇年から七〇〇〇年前に存在していた中国の文明のことは知らないのか。大洪水について、聖書以外のエビデンスはないのか。ブライアンは満足に答えられない。

ダロウは、キリスト教以外の宗教にも話を広げる。儒教や仏教について何か知っているのか。ブライアンが披露したのは素朴なキリスト教中心主義である。儒教や仏教がキリスト教と競合するかどうかを聞かれると、ブライアンは即座に否定する。理由は「それらが極めて劣っている」からだ。

ブライアンによれば、儒教が説くのは互恵である。「相手に良いことをすれば、それが自分にも返ってくる」というのが、彼が理解した儒教の本質だ。一方、キリスト教はいかなる見返りも期待せずに善をなすこと、つまり無私の利他を説く。だからキリスト教の方が優れているのである。

これに対するダロウの質問はシンプルだ。儒教やゾロアスター教がいつ頃できた宗教か答えてほしい。儒教もゾロアスター教も、キリスト教より古い宗教であることを知っているのか。ブライアンは答えられず、歴史の長さを比べるのではなく、宗教の中身の違いを知る方が大切だと虚《むな》しく答える。

そして、結局は聖書に立ち返るしかない。ブライアンは言う。生きるため、そして死ぬために必要な情報は全て手に入れた。聖書があれば十分なのだ。しかし、こうした無知に安住して健全な懐疑を止めてしまう姿勢こそ、ダロウが最も蔑《さげす》み、原理主義の危険性として暴きたいものなのである。

猛暑のため屋外に移された法廷でブライアンを尋問するダロウ。ワトソン・デイビス撮影

教皇の陥落

ブライアンはキリスト教がいかに優れているかを語り続けるが、ダロウはつきあわない。淡々と事実確認を続け、世界が本当に六日間で創られたと信じているのかを尋ねる。アッシャーの年表にしたがうのなら、地球の年齢は六〇〇〇年以上ではあり得ない。

ブライアンは答えを濁す。六〇〇〇年よりは古いと思うが、正確には分からない。地球は六日で創造されたが、一日の長さは二四時間ではなかったのかもしれない。致命的な失言である。聖書無謬説が揺らいでいる。ブライアンは文字通りに聖書を読んでいない。偽の原理主義者だ。

ダロウは人間の始祖について聞く。最初の女性はエヴァであり、アダムのあばら骨から造られたと信じているのか。ブライアンは肯定する。それでは、カインの妻は誰なのか。カインはアダムとエヴァの長男で、嫉妬から次男のアベルを殺す。聖書では人類最初の殺人とされるが、だとすれば、この殺人後、地上にはアダムとエヴァとカインしかいなかったことになる。カインはどこで妻を見つけたのか。「聖書がそう言っている」とブライアンは答えるしかない。

ダロウは聞く。蛇がエヴァを誘惑して知恵の実を食べさせた。そのことに怒った神の呪いで女性は出産に苦しむようになり、蛇は地上で最も下劣な生き物として地を這《は》うようになった。これが史実だと信じているのか。

ブライアン「信じている」
ダロウ「では、この出来事の前、蛇はどのように移動していたのか、考えはありますか？」
ブライアン「ない」
ダロウ「蛇が尻尾を使って歩いていたのかどうか、分からないんですか？」
ブライアン「分からないし、知る方法がない」

続いてダロウが大洪水の後、ノアとの契約の印として神が雲の中に出現させた虹について話し始めた時、ブライアンが判事に申し立てる。この証言はもはや無意味だ。ダロウの目的は聖書を非難することだ。神を信じないこの男は、聖書の侮辱に法廷を利用している。ダロウも「私は、まともなキリスト教徒なら信じないような馬鹿げたあなたの考えを検証しているんだ」と応じる。二人とも立ち上がり、睨《にら》み合っていた。

そこで突然、判事が翌朝までの休廷を告げ、二人の対決は打ち切られた。

4　評決の行方

消された裁判

陪審はわずか九分で評決に達した。

スコープスがバトラー法の施行以後、聖書を否定する授業を行ったことは裁判の早い段階で明らかになっており、弁護側もこの点は争っていない。そして実は、陪審員はブライアンとダロウの対決を見ていない。二人の問答は陪審員を退席させて行われた。しかも、判事の配慮でブライアンの証言は裁判記録から削除され、最終答弁も見送られた。

陪審がスコープスの有罪という結論を告げると、ロールストン判事は罰金額を決めたかどうかを尋ねる。陪審は具体的な罰金額を決めておらず、判事に一任する。判事は、罰金額は最低の一〇〇ドルだとすぐに言い渡した。当初の予想通りの結末である。意外だったのはその後の展開だ。

検察側・弁護側のいずれも、デイトンの裁判は前哨戦ととらえていた。とりわけダロウとアメリカ自由人権協会にとっては、控訴を続けて最終的には戦いを連邦最高裁判所に持ち込み、バトラー法の違憲性を争うことが真の目的である。

しかし、この目論見はテネシー州の最高裁に潰される。州最高裁によれば、スコープスは州と契約した教員であり、州法であるバトラー法にしたがって職務を遂行すべきであった。このことは、教育現場以外でスコープスが進化論を主張することをなんら妨げない。また、進化論教育の禁止が特定の宗教団体を優遇しているとも言えず、バトラー法は政教分離に違反していないというのである。

その上で州最高裁はデイトンの判決を取り消した。一〇〇ドルという罰金額は判事が決めたが、テネシー州法では五〇ドル以上の罰金は陪審が決めると定められていた。この手続き上の不備を理由に、州最高裁は「この奇妙な裁判を長引かせることで得られるものは何もない」として、一審の有罪判決を無効とした。猿裁判自体が無かったことになり、控訴も何もできなくなったのである。

祭りのあと

こうして猿裁判は、あっけない幕切れを迎えた。この後、バトラー法は二度と適用されることはなかったが、テネシー州法として四〇年以上残存する。その意味では、スコープス裁判には法的な成果はなかった。だが、世界中の関心を集めた裁判は関係者の人生を変えた。

裁判が始まる前、デイトンに到着したブライアンは、この裁判は死闘になると記者に語った。その言葉通り、ブライアンはデイトンで客死する。直接対決後のダロウとブライアンの姿は対照的だった。ダロウは、原理主義を打ち破ったヒーローとして賞賛され、多くの人に囲まれながら法廷を去った。一方、ブライアンは一人ぼっちで取り残された。創世記の六日が文字通りではないかもしれないと匂わせたことで、聴衆の支持を失ったのだ。そして裁判が結審して一週間も経たない七月二六日、ブライアンは、デイトンの教会で日曜礼拝に参加した後、昼寝をしながら亡くなる。

ダロウは気分転換のための山登りの最中にブライアンの訃報《ふほう》に接した。

実は、ダロウとブライアンはデイトンで初めて出会ったわけではない。ブライアンが大統領候補に選出された際には、彼の熱意と演説に惹かれ、ダロウはブライアンの支援活動をしたこともあった。だがデイトンで再会した時、ブライアンは変わり果てていた。若い頃の陽気さは失われ、厳しく残酷な顔をしていた。その姿を見て、ダロウは同情を禁じ得なかった。[8]

ブライアンの遺体は往路と同様に特別列車で運ばれ、五日後、首都ワシントンDCのアーリントン墓地に埋葬された。証言台に上がる時、ブライアンは自らを殉教者に喩えたが、果たして、彼は信仰のために死んだのか。ブライアンが「よきキリスト教徒」であったのは間違いないが、「よき原理主義者」ではなかったのかもしれない。

政治家としてのブライアンは「多数決原理としての民主主義」を信念とし、「人民は常に正しい」と信じていた。[9]前記の通り、一九二〇年代は、それまでアメリカを支えてきた農村部の住民の存在感や発言力が低下し始めた時期である。置き去りにされた人々に寄りそうため、ブライアンは彼らの原理主義的なキリスト教信仰を受け入れた。原理主義はブライアンが思いを寄せる人々と同じ陣営にいることを示すアリバイだったのだ。[10]

しかし、彼自身は創造について遥かに穏健な信仰を持ち、聖書無謬説を恐らく信じていなかった。真の敗因は聖書の矛盾ではない。「信じていないものを守る」というブライアン自身の矛盾をダロウに見抜かれたからこそ敗れ去ったのである。

一方のダロウは、スコープス裁判の翌年のスウィート事件でも敏腕を発揮した。白人暴徒に発砲した黒人医師とその家族が訴追されたが、ダロウは一一人の被告人全員を無罪に導き、人種差別撤廃の画期となる判決を勝ち取った。そして一九三八年、魂の不死は二〇〇〇年前の無知に発する妄想であり、人間の死は石炭が燃えてなくなるのと同じだと信じて亡くなった。遺体は火葬され、生前好んで散歩したシカゴの公園に散骨された。

自分の名が冠されたスキャンダラスな裁判によって一躍時の人となってしまったスコープスの場合、裁判の影響は遥かに大きい。裁判後、スコープスはシカゴ大学大学院に進み、地質学を修めた。裁判前に約束された生活保障を利用したのである。大学では、有名な猿裁判の被告ということで好奇の視線に晒《さら》された。勉強中に緊急事態だと呼び出されて駆けつけると、記者が待ち構えているようなこともあった。さらに無神論者だとして奨学金の候補から外され、博士号は諦めざるを得なかった。

研究者の道を断念したスコープスは、技師として石油業界に身を投じるが、それでも世間は忘れてくれない。裁判が行われた七月になると、毎年、取材やコメントを求める依頼や回心を促す手紙が殺到した。それを煩《わずら》わしく思い、一時は国外に職を求めたが、裁判から三五年が経過した一九六〇年に転機が訪れる。

ここは偏屈、迎えに来て

この年、スコープス裁判を題材にした映画『風の遺産《インヘリット・ザ・ウィンド》』（邦題は『聖書への反逆』）が公開された。宣伝協力の依頼があったが、生活を乱されたくないスコープスは渋る。だが妻に説得され、学問や信教の自由の大切さを改めて訴える機会であると思い直し、引き受けることを決める。

そしてプレミア上映に参加するため、およそ三〇年ぶりにデイトンの町を訪れた。

ブライアン、ダロウ、ロールストン判事など、裁判の主な参加者たちは亡くなっていた。プレミア上映には、ブライアンの孫娘と判事の娘が出席した。しかし、町は昔とほとんど変わっていなかった。教師たちは進化論を教えないという誓約書にサインさせられていた。

一九六七年に刊行された回想録『嵐の中心』の末尾で、スコープスは自分が巻き込まれた大騒動を総括している。デイトンの裁判だけ見れば、原理主義の愚かさを暴露し、信教の自由についての議論を巻き起こした弁護側の勝利と言えるかもしれない。自分がデイトンの裁判ショーで果たした役割は小さかったかもしれないが、それなりの意味はあったはずだ。

しかし、大局的に見れば、自由は脅かされ続けている。一九六〇年代に入ってもバトラー法は生き延び、テネシー州では進化論教育が禁じられている。原理主義も消滅していない。これからも警戒し続け、日々、自由を守らなければならない。

この回想録が出版された年にバトラー法は廃止されるが、猿裁判以降、進化論はアメリカの教科書から姿を消していた。スコープスも使用した『市民の生物学』の場合、裁判前の一九一四年版では進化論に三ページが割かれていたが、裁判直後の一九二六年版では進化論の大部分が削られ、索引からも消えた。[11] さらに聖書の教えと合致するように、「人間は道徳的・宗教的な本能を持つ唯一の生物である」と追記された。出版社が、教科書が不採用になることを懸念したのである。[12]

進化論が教科書に再び掲載されるのは、一九五七年のスプートニク・ショック以降である。ソビエトの人工衛星の打ち上げにショックを受けたアメリカ人は、改めて科学とその教育の大切さを痛感したのである。[13]

とはいえ、創造論者たちも手をこまねいていたわけではない。聖書無謬説はあまりに素朴で足枷になりかねない。そこで科学を利用して、より洗練された巧妙な戦い方を編み出していた。

次なる舞台はスコープス裁判からちょうど八〇年後の二〇〇五年、デイトンの北北西約一〇〇〇キロメートルにあるカンザス州の州都である。

地球上の生命は、もっとも根源的なレベルにおいて、もっとも重要な構成要素において、知的活動の産物なのである。

――マイケル・ビーヒ

聖書にある永遠の真理と現代科学の知見は何の問題もなく共存できる……批判的思考ができる人間の心は神の賜物であり、それを十全に活用しないのは創造主の意志を拒否することだと我々は考える。

――ウィスコンシン州の聖職者の声明

第3章

ポケモン・タウンの科学者たち

1　無敵の疑似科学

ポケモンと聖霊の町

カンザス州の州都トピカ。ネイティブ・アメリカンの言葉で「ジャガイモを育てるのによい場所」を意味するこの町の名は、面白いことに、三度も変更されたことがある。

二〇一〇年三月には、一ヵ月間、グーグル（Google）に変更された。当時、グーグル社が計画していた高速ブロードバンドネットワークの試験エリアに立候補するためだ。そして一九九八年と二〇一八年には、一日限定でトピカチュウ（ToPikachu）に変更された。ポケモンのピカチュウと合体したのだ。最初はポケモンがアメリカで広まり始めた頃のプロモーションで、二度目はポケモンの最新ソフトのリリースにともなうイベントに合わせたものである。

最先端のIT企業や、進化することから時に反キリスト教的と見なされる和製モンスターを町名に冠するあたり、トピカはリベラルで先進的な地域に感じられるかもしれないが、そうでもない。この町はペンテコステ運動の発祥地として名高い。

ペンテコステとは聖霊降臨の日を指す。新約聖書の使徒言行録によれば、イエスの昇天後、皆が集まって祈っていると、突然、激しい風のような音が天から聞こえた。すると「炎のような舌が分かれ分かれに現れ、一人一人の上にとどま」り、聖霊に満たされた彼らは「霊が語らせるままに、ほかの国々の言葉で話しだした」のである。

これと同じような現象が二〇世紀の初日、一九〇一年一月一日にトピカで起きる。チャールズ・パーハム（一八七三〜一九二九年）が開校したベテル聖書学校で、女生徒が宗教的恍惚のうちに語る異言《いげん》を体験し、それが他の人々にも広がった。パーハムは、異言を聖霊の働きかけとし、自らの宗教活動の中心に据《す》えた。異言は、一人一人が神的なものと直接つながる神秘体験だ。キリスト教徒が少ない日本ではなじみがないが、熱狂的な歌や祈りをともなう礼拝を行うペンテコステ派は、現在最も世界的な広がりを見せている宗教運動の一つである。

さて、グーグル、ポケモン、聖霊降臨という異なる表情を見せる町で、二〇〇五年、科学教育をめぐる法廷形式の公聴会が開かれることになった。宗教と科学が入り混じるという意味では、トピカの土地柄は、この公聴会にふさわしかったのかもしれない。

というのも、スコープス裁判では専門家の証言は封じられたが、今回は二〇人以上の科学者が登場したのだ。しかし、彼らは進化論を擁護しない。それどころか、進化論は特定の教義を押しつける宗教であり、自然と謙虚に向き合って科学的に推論すれば、この世界は何者かに創られたことが分かると主張したのである。実は、この公聴会も仕組まれていた。

教育基準をめぐる攻防

公聴会とは、有識者・市民・行政担当者・利害関係者などを集めて意見聴取する場で、政策決定のプロセスで重要な意味を持つ。トピカの進化論公聴会を呼びかけたのはカンザス州の教育委員会だ。アメリカの州レベルの教育委員会では、およそ三分の一で公選制がとられている。住民による選挙で教育委員が決まるのだ。カンザス州の場合、一〇名の教育委員がおり、四年ごとに選挙がある。そして、州教育委員会の重要な職務の一つが教育現場の指針となる教育基準の策定であるが、一九九九年八月、創造論者が先制攻撃をしかける。当時、聖書の記述は史実だと信じる創造論者の委員が多数派を占めており、投票によって科学の教育基準から進化論を削除することが決議されたのだ。

この決議は、バトラー法のように進化論教育を禁止し、罰則を設けたわけではない。だが、教育基準から進化論が外れれば、大学進学などで重要な州の統一試験からも進化論関連の問題は消える。そうなれば、創造論者ではない教師でも進化論に割く授業時間を減らすしかない。ビッグバン理論も外された。宇宙は一三八億年前に急激な時空の膨張によって誕生したとする同理論も、創世記の記述と真っ向から対立する。教育への実害という点では、八〇年前のバトラー法よりも遥かに深刻である。

決議に対しては、米国科学アカデミーが「残念な後退」として非難する声明を出すなど全国的な議論が巻き起こった。その後、二〇〇一年の改選で穏健な科学擁護派の教育委員が多数派となり、教育基準の変更は撤回される。だが二〇〇四年、再び創造論者の委員が多数派となり、教育基準を再度改訂するための作業部会が立ち上がる。

二〇名以上からなる作業部会の多くは穏健な科学擁護派だったが、八人は創造論者であった。二〇〇四年一二月、八人は、教育基準の改訂について自分たち少数派の見解をまとめた文書を提出する。「マイノリティ・リポート」と呼ばれる意見書だ。この文書で彼らは、科学で粉飾した創造論を公教育に持ち込むことを求めた。宗教の科学的偽装こそが創造論者たちの新たな戦い方である。

賛美の科学

スコープス裁判が行われたデイトンには、現在、学生数一二〇〇名程度の小規模な私立大学が存在する。一九三〇年にウィリアム・ジェニングス・ブライアン大学として創設され、一九九三年にブライアン大学と改称された。その名の通り、原理主義の教皇の到来を記念して創られた大学である。創立経緯や「何よりもキリストを」というモットーから想像される通り、ブライアン大学の使命は「現代世界を変えるキリストのしもべとなる学生の教育」である。[1]

要するに、信仰者による信仰者のための大学だ。教職員は、毎年、信仰声明への署名が求められる。その声明は、一九一九年の原理主義者の会議で採択されたものに基づき、「聖書は無謬《むびゅう》である」「人間の起源は神にある」といった文言が含まれる。二〇一四年には、人類は神によって造られたアダムとエヴァの子孫であり、二人は歴史的に実在したことが改めて追記されている。

ブライアン大学の教員一覧を見ると、宗教哲学・キリスト教学・言語学・古典語・芸術学といった人文社会系が中心だが、数学・生物・化学といった理系の教員も在籍している。いずれも他の大学で博士号を取得した専門家だが、彼らの自然科学の研究と右の原理主義的な信仰声明は、いかにして両立するのだろうか。このギャップを埋めるのが創造科学《クリエイション・サイエンス》である。

ブライアン大学には、ニール・ドーラン教授という人物が在籍している。経歴を見ると、二〇〇三年、フロリダ州立大学で古生物学の研究で地質学の博士号を取得している。同大は、宇宙飛行士をはじめ多くの科学者を輩出する大学であり、その博士号は一般的には科学者の学歴として十分なものと見なされるだろう。だが、ドーランの進化についての見解は、一般の科学者とは大きく異なる。ここではタリーモンスターに関する彼の論説を取り上げよう。

タリーモンスターの謎

一九五五年、イリノイ州にある三億年前の地層から奇妙な化石が発見された。イカのような胴体から触手のようなものが長く伸びている。胴体には自動車のタイヤをつなぐシャフトのようなものがあり、その両端に目がついていたようだ。

タリーモンスターの復元図。

古生物の中には、現生生物からは想像もつかない姿形を持つものが存在する。だが、タリーモンスターのような身体構造は、現生生物はもちろん、これまで化石から復元された古生物も含め、既知の生物に類似したものが見あたらなかった。そのため、どのように分類すべきかが決まらず、化石の発見者フランシス・タリーにちなみ、タリーモンスターと呼ばれるようになった。

進化論によれば、あらゆる生物は共通の祖先から分化してきた。つまり、絶滅した古生物や恐竜も含め、あらゆる生物は巨大な一本の進化の系統樹のどこかにあてはまる。人間であれば、動物界>脊《せき》椎《つい》動物門>哺乳綱>霊長目>ヒト科>ヒト属>ヒト種として分類される。だが、他の生物との類似性がないタリーモンスターの場合、軟体動物なのか脊椎動物なのかも分からず、系統樹の中にふさわしい居場所を見つけられなかったのである。

この問題が解決したのは、化石の発見から六〇年以上経ってからだ。レスター大学やイェール大学の研究者が、タリーモンスターは脊椎動物であり、ヤツメウナギと同系統の生物だと結論づけた。最終的に復元された姿では、胴体から象のように長い鼻が伸び、その先端に鋭い歯を備えた口がついている。詳しい分析と報告は、二〇一六年三月、科学誌ネイチャーに掲載された。[2]

その一年後、ドーランは「モンスターの謎の解き方」という論説を発表する。それによれば、別の研究グループはタリーモンスターが無脊椎動物だと主張しており、生物学者たちは混乱しているというのである。[3]

タリーモンスターに限らず、これまでも、ある生物の分類の仕方が変わったり、進化の系統樹が修正されたりすることはあった。最も高次の分類である界についても、アリストテレスの時代には動物界と植物界の二つしかなかったが、科学の発展と共に、原生生物を加えた三界説、原核生物を加えた四界説と発展してきた。そして現在も五〜八界説まで様々な意見が存在する。

こうした仮説とその検証、そして新たな仮説とその検証というプロセスは、科学にとって不可欠な手続きであり、混乱ではない。特に古生物のような対象は、残された手がかりから推測せざるを得ない部分が多く、新たなデータや分析方法によって古い仮説が書き直されるのは当然だ。常に検証と修正に開かれているからこそ、科学は健全に発展できる。

しかし、ドーランによれば、これは混乱であり、原因は進化論にある。タリーモンスターのような分類不明の生物の存在は、全生物を一つの系統樹に収めようとする進化論の根本的なアイディアが破綻している証拠だというのだ。そして、進化論の代わりにドーランが提示するのが「無限に賢い創造主」つまり神による創造である。

聖書によれば、神は、天地創造の五日目に魚類と鳥類を造り、六日目に家畜、地を這《は》うもの、獣を造った。そして最後に自分をかたどって人間を創造し、他の動物を支配するよう命じた。つまり、羊は羊として、ティラノサウルスはティラノサウルスとして、人間は人間として、最初からそのように造られたのである。

聖書にしたがえば、タリーモンスターのように、他の生物との類縁性が見あたらない生物の存在も全く不思議ではない。最初から異なる生物として創造されたのだ。こうしてドーランは、タリーモンスターが怪物に見えてしまうのは進化論が間違っているせいだとし、科学者であればタリーモンスターの事例を謙虚に受け止め、神について学び続けなければならないと提言するのである。

科学風味の創造論

科学と真っ向から対立する聖書無謬説とは異なり、創造科学は、聖書のために科学を利用する。ドーランの論説は古生物学分野のものだが、創造科学は物理学・天文学・医学といった他領域でも展開され、これから見てゆくトピカの進化論公聴会では、その専門家が次々と登壇する。ただし、彼らは創造科学という言葉を避け、もうひとひねり加えた別の言葉を使用する。

ドーランの論説のように、創造科学では創造主や神といった言葉が用いられるが、これらの言葉がキリスト教由来であることは一目瞭然《いちもくりょうぜん》だ。ブライアン大学のようなキリスト教系大学の内部限定ならまだしも、公教育への導入はさすがに難しい。そこで生み出されたのがインテリジェント・デザイン論（以下、ＩＤ論と表記する）である。

何やら新しい響きの言葉だが、創造科学から内容的・方法的に革新があったわけではない。自分たちが真っ当な科学だとアピールする上では、創造主や神といったキリスト教用語は避けたい。そこで、「何らかの知的《インテリジェント》な存在がこの世界を設計《デザイン》した」と表現を改めたのだ。ＩＤ論の方が、創造科学よりも科学風味が増しているのである。

詳しく見れば、創造科学とＩＤ論にはいくつも異なる点があるし、そもそも創造科学もＩＤ論も一枚岩ではない。地球の年齢については、創造科学では約四〇〇〇年から一万年程度とする若い地球説《ヤング・アース》が優勢だが、ＩＤ論では現代科学の定説である約四六億年という長い時間を認める古い地球説《オールド・アース》を受け入れる傾向にある。当然、古い地球説の方がまともに見えるが、だからと言って若い地球説が駆逐されたわけではない。

創世記の答え《アンサーズ・イン・ジェネシス》という若い地球説信者の団体は、二〇〇七年に聖書の記述と合致した展示を行う創造博物館を開館し、二〇一六年にはノアの箱舟を実寸大で再現したアーク・エンカウンターというテーマパークも開設している。両者は全米で最も人気のある宗教系ミュージアムである。[4] ちなみに、ドーランの論説が寄稿されたのも、この団体のウェブサイトだ。

また、古い地球説にも様々な立場がある。前章で、追いつめられたブライアンが口走ってしまったのが一日一時代説《ディ・エイジ》だ。創世記の一日は二四時間よりも長く、数千年や数億年に相当するという解釈で、聖書無謬説には反する。また、創世記第一章の一節ごとに大きな時間的隔たりがあるとする断絶《ギャップ》説もある。「はじめに神は天と地とを創造」（第一節）するが、「地は形なく、むなしく」（第二節）なってしまう。そこで神は「光あれ」（第三節）と時を隔てて二段階の創造を行ったと読むのだ。さらに進化論を受け入れ、神が自然法則にしたがって宇宙や生命を創造し、その後の進化のプロセスも司っているとする有神進化論という立場もある。

何でもありの無敵のロジック

いずれにせよ、創造科学もＩＤ論も創造論者がでっち上げた疑似科学である。

創造科学は「聖書のための科学」を掲げ、ＩＤ論はあくまで「正統な科学」を標榜するが、宗教的背景を隠そうとするかどうかの違いでしかない。ＩＤ論が新創造論《ネオ・クリエイショニズム》やインテリジェント・デザイン創造論と批判されるのはもっともなのである。両者とも主流派《メインストリーム》の科学とは根本的に相容《あいい》れず、穏健な信仰者からも疑問視されているのである（以下、一般に認められる科学を主流派と呼ぶ）。

創造科学もＩＤ論も、神やデザイナーという検証不可能な前提を持ち出す。全能の神が前提なのだから、何でもありだ。どんなに奇異な現象や突飛《とっぴ》な存在も神の御業《みわざ》と解釈できる。ＩＤ論も同様だ。神をデザイナーと曖昧に呼び変えただけで、あらゆる現象や存在を「デザイナーが意図した」「デザイナーが介入した」と説明できる。神やデザイナーは前提であり結論でもある。要するに循環論法であってまともな主張ではないのだが、信者には無敵のロジックに見えてしまうのだ。

したがって、スコープス裁判では宗教と科学が正面衝突したのに対し、トピカの進化論公聴会の場合、ＩＤ論者たちも「自分たちは科学の側にいる」、さらには「自分たちこそ正しい科学である」と言い張ることになる。

相手が聖書無謬説であれば、ダロウが行ったように、その間違いは科学的に容易《たやす》く指摘できる。だが、ＩＤ論は科学的に偽装されており、そのおかしさを指摘しようとすると、見かけ上は科学論争のようになってしまう。そしてそうなると、専門的な科学のトレーニングを受けていない一般の人には、ＩＤ論者と主流派科学者のどちらが正しいのか、判断するのは簡単ではないのである。

そして、こうした事態に対する危機感から、スパモンは召喚された。

改めてボビー・ヘンダーソンの公開書簡（四八頁）を見てほしい。ＩＤ論が進化論の代替理論として公聴会で検討されるなら、スパモン創造説も同じく検討されるべきだと述べている。ＩＤ論者の要求は、子供の誕生について女性の妊娠出産説とコウノトリ説を同等に扱えと言っているくらい素っ頓狂であり、無視すべきなのだ。特にＩＤ論者に公の場を与えてはならない。公聴会など開けば、ＩＤ論があたかも検証に値する科学的仮説であるかのような印象が作られてしまうのである。

それでは公聴会において、主流派科学者たちはいかに応戦したのだろうか。各分野のスペシャリストが最新の科学的知見を動員し、ＩＤ論者を粉砕したかというと、そうではない。実は、主流派の科学者は誰一人として参加しなかった。今回も科学を守るのは無報酬で依頼を受けた弁護士だった。たった一人で二三人の論敵に立ち向かったのである。

2　インテリジェント・デザイン論者の流儀

カンガルー法廷

公聴会の開催までの経緯に話を戻そう。

前記の通り、二〇〇四年、創造論者が再び多数を占めた教育委員会の指示で、改めて進化論を科学の教育基準から締め出すべく、作業部会が立ち上げられた。二六人のメンバーの多くは主流派科学者だったが、化学者ウィリアム・ハリスをはじめとする八人のＩＤ論者が含まれていた。ハリス率いる少数派は、主流派科学者の改訂案の見直しを求め、マイノリティ・リポートを提出した。なお、現在マイノリティ・リポートの全文は入手困難なため、内容は公聴会の議事録から推測せざるを得なかった。

マイノリティ・リポートによれば、主流派が推す進化論は唯物論に基づく一仮説にすぎず、ＩＤ論という別の仮説も提示すべきだ。生徒の知的探究を制限するのでなく、様々な意見に耳を傾けさせ、あらゆる可能性を検討する真に科学的な姿勢を教えるべきだというのである。こうしてマイノリティ・リポートの中核を成すＩＤ論の妥当性が検証されることになったが、まず行われたのは市民参加型の公開討論会である。[5] 計四回開催されたが、少数派はここで醜態を晒す。

公開討論会では数百人の市民が短いスピーチを行ったが、ほとんどは進化論を擁護した。マイノリティ・リポートの支持者もいたが、その多くが若い地球説信者であり、ＩＤ論が創造論の焼き直しだと露呈する。この失態を挽回すべく設置されたのが公聴会である。進化論の是非を論じるには、議論を一般に開くのではなく、専門家による集中討議が必要だとし、主流派と少数派の科学者を一〇人ずつ招聘《しょうへい》して討論しようというのである。

公聴会の設置を指示したのは、教育委員会委員長のスティーブ・エイブラムス（一九四九年〜）である。議長として公聴会の運営と審判を担うが、何を隠そう熱心な創造論者だ。他にも教育委員からコニー・モリスとキャシー・マーティンの二人が審判役に選任されたが、いずれも創造論者だ。さらに公聴会開催のための法律顧問として動いたのが、弁護士のジョン・カルバートである。カルバートは公聴会で主流派科学者への反対尋問を担当する予定だったが、実は、ハリスと共にインテリジェント・デザイン・ネットワークというID論普及のための団体を設立した人物である。

ハリスとカルバートの出会いは、一九九九年、最初に教育基準から進化論を外す決議がなされた時で、それ以来、ID論運動を支えてきた。要するに、トピカの進化論公聴会は、創造論者たちがID論という形で自分たちの主張をアピールし、公教育にキリスト教を持ち込むためにでっちあげた舞台なのだ。そのため構想が発表された段階から、主流派科学者からは英語でインチキ裁判を意味する「カンガルー法廷」と揶揄《やゆ》されたのである[6]。

奴らと話すな

しかし、主流派の科学者たちは応戦せず、公聴会をボイコットした。なぜなら、ID論者たちの狙いが、論争の中身より、論争それ自体にあったからである。

ID論陣営からすれば、専門家を何百人集めて議論したところで、主流派科学者が進化論を撤回する見込みはない。逆に公開討論会のように返り討ちにあいかねない。そこでID論陣営が目指したのは、進化論には再検討の余地が大いにあり、それゆえＩＤ論にも代替理論としての可能性があると一般の人々に印象づけることだ。あたり前だが、仮に進化論に瑕疵《かし》があっても、ＩＤ論の正しさが証明されるわけではない。論理の飛躍である。

確かに進化論は実験室で追試できるタイプの理論ではない。最初の生命が誕生する瞬間や、ある種から新しい種が分化する過程を再現したり観察したりするのは難しい。現生動物、化石、遺伝子などの分析に基づいて確立された理論である。

とはいえ、これまで蓄積されたデータの中に進化論を動揺させるようなものはない。むしろ膨大なエビデンスが進化論を支持している。主流派の科学者にとって、突然変異と自然淘汰が生物の変化を導いてきたという進化論のアイディアに疑問の余地はないのである。

しかし、こうした再現不可能性や検証不可能性をＩＤ論者は進化論の欠陥だとして疑似論争を挑む。専門家でなければ、議論の詳細はどうせ理解できない。専門家からすればどんなに馬鹿げた内容でも、とにかく論争さえしていれば、進化論にも怪しい点があり、ＩＤ論と五十歩百歩だというイメージが作り出せる。それによってＩＤ論の存在感が増せば十分なのである。

だからこそ、主流派科学者はＩＤ論者と論争してはいけない。ボイコットを呼びかけたカンザス科学市民の会は、科学には自ら妥当性を担保する力があり、創造論者が科学に審判を下すような公聴会に関わるべきではないと宣言した。ＩＤ論者と同じ舞台に上がれば、進化論とＩＤ論は同レベルの仮説だと誤解される。したがって、主流派の唯一にして最良の選択肢は公聴会の無視だったのである。

こうして二〇〇五年五月、弁護士一人以外は全て創造論者という公聴会が三日間にわたって開催されることになる。審判役にも証人にも、全てエイブラムスとカルバートの息がかかっている。

起源を目指して

公聴会は法廷形式だ。まず少数派の弁護士カルバートが、自分たちで呼び集めた証人に質問する。次に、その半分の時間で主流派科学を代表する弁護士が反対尋問し、さらに、その半分の時間がエイブラムスたち三名の審判役に与えられる。裁判と同じく、聴衆からの質問や拍手は禁止である。最初の証人は、マイノリティ・リポートの作成を主導したウィリアム・ハリスだ。ハリスは、証言に先立って公聴会の目的を語り出す。進化論をめぐる科学論争の存在を示すことである。

より具体的には、無機物から生命の元となる有機物が生まれた化学進化と、バクテリアのような単純な生物から人間のような複雑な生命体が生まれる大進化《マクロ・エボリューション》である。いずれも実験室で証明されていないのに、教育現場では、あたかも全科学者が同意する事実であるかのように教えられる。進化論には多くの科学的な反論があることを教育基準に盛り込むように働きかけるのが公聴会の目的だ。

ハリスによれば、進化論の背景にあるのは、自然主義という唯物論的な哲学だ。神は存在しないという反宗教的な世界観である。生命の起源を考える時には、どうしても「生命や人間はどこから来たのか」という哲学的な問いが喚起される。それにもかかわらず、現状では、霊や神といった超越的存在を最初から否定する自然主義のバイアスがかかった科学教育しか行われていない。非物質的な仮説は無視され、物質的な観点しか認められないというのである。

ハリスたちＩＤ論者は、生命や人間の始まりを問う学問を起源の科学《オリジン・サイエンス》と呼ぶ。

起源の科学は、具体的な目的に即して行われる工学や医学などの実践科学《オペレーショナル・サイエンス》とは本質的に異なり、より深い問いを対象とする。だからこそ、マイノリティ・リポートは、科学教育から自然主義のバイアスを取り除き、よりオープンでフェアな視点を持つことの大切さを訴えるのだという。

しかし、ハリスのような科学の区分は一般的ではない。似たようなものとして、宇宙論や素粒子論のような基礎科学《ベーシック・サイエンス》と、新たな金属や薬品の開発といった応用科学《アプライド・サイエンス》という区分がある。だが、素数の研究が暗号システムの開発につながったりするように、両者は断絶しているわけではないし、それぞれの専門家が全く異なる科学観を持っているわけではない。

またハリスは、マイノリティ・リポートはＩＤ論教育の即時義務化を求めるわけでもないと述べる。他の証人たちも同じことを繰り返す。ＩＤ論は発展途上の学問であり、現時点では義務化はできない。ただし、ＩＤ論に妥当性を感じる教師がいた場合、授業で扱うのを禁止すべきではない。したがって、この公聴会では、生命と世界の始まりという起源の科学に関する科学論争が存在することをまず明らかにし、その論争を生徒に教えられるようにしたいというのである。

実は、ＩＤ論者が進化論を批判するわりに、ＩＤ論をすぐに教育に持ち込むべきだと主張しない点にＩＤ論の最大の特徴があるのだが、その理由は次第に明らかになる。以上のような前置きの後、証言が始まる。まずハリスが語るのは、大学院生の時まで不可知論者であった彼が、いかにして進化論を疑うようになったかだ。きっかけは女性との出会いである。

ハリス博士の回心

少数派の弁護士カルバートの質問は、どの証人に対しても学歴や職歴の確認から始まる。その証人が高い信頼を寄せるに値する科学者であることをアピールするためだ。

ハリスは、ハノーバー大学を卒業後、一九七八年にミネソタ大学で栄養化学の博士号を取得した。カンザス大学やミズーリ大学で研究を行い、オメガ3脂肪酸の摂取と心臓病のリスクについて多くの論文がある。多額の研究資金も獲得しており、本人いわく、その分野では認められた研究者であるという。確かに嘘ではない。

少し説明すると、科学者の業績を考える場合、査読《さどく》付き論文とその掲載誌が一つの目安になる。査読とは同じ領域の専門家による論文審査である。学術論文が掲載される媒体には、特定の大学や研究所のメンバーを中心に編まれる雑誌から、全国規模・世界規模の会員がいる学会誌まで、それぞれの学問領域に無数に存在する。一般的には、より規模が大きく厳しい査読体制を持つ媒体に掲載された論文数が多いほど、その研究者の能力は客観的に保証されたと見なされる。

その点、ブライアン大学のドーラン教授の場合、論文数が少ない。さらに、論文の掲載誌には創造生物学会という創造科学の団体が発行する雑誌が含まれており、主流派科学の世界では、これはまともな学術業績には数えられない。一方、ハリスは、栄養学や循環器学の学会に所属し、それらの学会誌に一〇〇以上の論文を掲載しているのである。

ハリスはプロテスタントの家庭で育ったが、大学入学以降は信仰を失っていた。転機となったのは、大学院生の時に気になる女性と出会ったことだ。のちに妻となる彼女が聖書の授業に興味を持っていたのに感化され、ハリスも十代以降は遠ざかっていた聖書を再び開くようになる。

そして、この回心体験はハリスの科学観にも影響を及ぼした。それまでやってきた栄養化学の研究は「現在の世界がどのように機能しているか」を追求するものだ。こうした実践科学では、進化をどのようにとらえるかは重要ではない。だが信仰を取り戻したことで、改めて「なぜ世界はこのようであるのか」「私たち人間はどこから来たのか」といった問いに興味が湧いてきた。

こうしてハリスは、生命の起源を論じる進化論を学ぶようになるが、すぐに進化論はエビデンス不足だと気づく。自分の研究領域では想像もつかないような粗雑な議論だと感じ、進化論は一種の宗教だと失望したのだ。だが、ＩＤ論の父が書いた一冊の本がハリスを変える。

モリス博士の箱舟計算

ここでＩＤ論の特徴をおさえるために、再び創造科学と比較してみよう。いずれも自分たちは科学的だと主張するが、創造科学者はそれが「聖書のための科学」であることを隠さない。それに対し、ＩＤ論者は宗教との関わりを否定・隠蔽する。どちらも創造論がベースの疑似科学だが、両者の違いは、それぞれの創始者を見るとより明確になる。

創造科学の生みの親はヘンリー・Ｍ・モリス（一九一八〜二〇〇六年）である。テキサス州ダラス出身のモリスはライス大学で土木工学を学んだのち、エンジニアとしてしばらく働く。やがて母校やミネソタ大学で教えるようになり、一九五〇年に水理工学の博士号を取得した。その後、ルイジアナ大学、南イリノイ大学を経てバージニア工科大学に移り、土木工学科長も務めている。

技術畑のスペシャリストとしての経歴を持つモリスだが、ライス大学を卒業する頃、聖書の言葉は

ジョン・ランディス「ノアの箱舟」

絶対であるという無謬説を受け入れるようになっていた。そして進化論批判の文章を書くようになるが、モリスを創造科学の父に押し上げたのが『創世記の洪水』（一九六一年）である。共著者のジョン・C・ウィトコム（一九二四〜二〇二〇年）は若い地球説を信奉する神学者である。同書の目的は、「聖書の記録とその科学的意味」という副題の通り、ウィトコムが聖書学や神学の議論、モリスが地質学をはじめとする科学の議論を提供し、ノアが生き延びた大洪水が史実だと証明することである。

　少し内容を紹介しよう。神は、大洪水を起こすことをノアに伝え、箱舟を建造して、全ての生物の雄と雌を収容するよう命じる。それでは、どれくらいの大きさの箱舟を作り、いかにして大量の生物を収容し、一年近くに及んだ大洪水の期間、誰がその面倒をみたのか。聖書が史実だというなら、これらの疑問に合理的な答えを示さなければならない。

　モリスによれば、聖書にしたがえば箱舟の大きさは約四万立方メートル弱で、当時の鉄道の「標準的な車両五二二両、つまり六五両編成の貨物列車八本分に匹敵する積載能力」だった。[7] しかし、箱舟がどれだけ大きくて

ミケランジェロ「エヴァの創造」。1509〜10年

も、全生物のつがいを収容するのは難しそうだ。モリスが参照したデータでも、地球上には一〇〇万種もの生物がいる。

　ここでモリスが持ち出すのが原種なる概念だ。それぞれの種の元となる生物である。創造論者は、原初の海にいた魚類が長い時間をかけてヒトになるような大進化は認めない。神は最初から魚は魚として、人間は人間として創ったのだ。ある種から別の種が新たに生じるのは聖書の記述に反する。

　しかし、創造論者も同じ種の中の変化である小進化《ミクロ・エボリューション》は容認する。アダムとエヴァを始祖とする人間は、長い時間をかけて白人・黒人・モンゴロイドといった人種に分岐した。一つのスイートピーから何百品種ものスイートピーが開発され、野生の犬を掛け合わせながら様々な犬種が作られた。だとすれば、哺乳類・鳥類・爬虫類・両生類など、それぞれの種のアダムとエヴァに相当する原種だけを箱舟に乗せればよい。大洪水の後、原種から再び多様な生物を生み出せる。また、魚のような水中の生き物はそもそも箱舟に入れる必要はなく、近くを泳がせておけばよい。

　こうした推論に基づき、モリスは、箱舟は羊の大きさなら三万五〇〇〇頭分の積載能力があり、各原種のつがいを載せるのに十分な空間だったと結論する。だが原種だけとはいえ、かなりの数だ。さらに大洪水の期間を持ちこたえる分の餌を積載し、ノア夫妻と三人の息子夫妻の八人だけで全ての動物たちの面倒をみなくてはならない。

モリスは、これらの点について聖書に詳しい記述はないとしつつも、科学的な推測に基づいて冬眠という答えを示す。実際には冬眠をしない動物はたくさんいるし、特に鳥類のほとんどは冬眠しない。だがモリスは、鳥類でも北米のプアーウィルヨタカは冬眠するし、ハチドリも夜になると休眠するとして、全ての生き物は冬眠する力を秘めていると主張する。なかなか苦しい議論だが、何事も神を持ち出せば解決できる。モリスによれば、箱舟に乗った生き物たちは「大嵐や大災害に遭遇しても、一年間生き延びられるように様々な方法で休眠する力」を神から授かっていたのである。

肝心なところを全能の神で解決してしまうあたり、お粗末な議論に見えるかもしれない。だが、『創世記の洪水』は英語版だけで二五万部以上を売り上げ、ドイツ語やスペイン語にも翻訳された。その後もモリスは創世記の科学的解明に関する多くの著作を精力的に発表するが、一九七〇年にバージニア工科大学を辞めている。『創世記の洪水』によって創造科学の旗手となったが、それによって主流派科学者との軋轢《あつれき》が顕在化したのだ。その後は一九七二年に創造研究所を設立し、死の直前までそこを拠点に在野の研究者として創造科学の普及に尽力した。

攻撃は最大の防御

さて、進化論に疑念を抱いたハリスが手にとったのはモリスの本ではない。聖書無謬説と若い地球説に基づく同書の議論はさすがに素朴すぎる。ハリスを触発したのは、『創世記の洪水』のちょうど三〇年後に刊行された『裁かれるダーウィン《ダーウィン・オン・トライアル》』（一九九一年）である。

この本で衝撃的だったのは著者の経歴である。フィリップ・E・ジョンソン（一九四〇～二〇一九年）はハーバード大学で文学を修め、シカゴ大学で法学の博士号を取得する。シカゴ大学は首席で修了しており、それだけでも秀才だが、数年間の実務経験を積んだのち、一九六七年からカリフォルニア大学バークレー校の法学部教授を務めていた。同大は世界屈指の名門大学であり、その現役教員が創造論を主張したのは大事件であった。

ジョンソンは法律家であり、モリスのような自然科学の素養はない。だが、それが逆に説得力をもたらした。『裁かれるダーウィン』は、主流派科学の理論の中身より、それらの理論がいかなる事実と証拠に基づいて提示されているかを検証する。話の内容より、話し方を吟味するのだ。ジョンソンは自然科学者ではないが、法律家として、この種の議論はお手のものだった。

まずジョンソンは、聖書原理主義というバイアスがかかっているとして、創造科学を切り捨てる。それではダーウィニズムはどうか。こちらにもバイアスがかかっている。科学的仮説は事実と証拠に基づかなければならないが、進化論者は、単細胞のバクテリアが複雑な動植物に進化したことを裏づけるエビデンスを示さない。彼らが証拠として出すのは、どれも限られたエリアでの適応の例にすぎず、自然淘汰によって新しい種が生み出されたことを証明していないというのである。

しかし、証拠不足にもかかわらず、進化は問答無用で事実とされる。進化生物学者のリチャード・ドーキンス（次章以降で詳述）は「進化論を信じない人は、無知か、馬鹿か、狂っている」とまで言い放つ。ジョンソンにすれば、進化論は科学的仮説ではなく、人間や世界は偶然の産物であり、そこに一切の意味や目的はないと決めつける反宗教的なイデオロギーなのである。

ジョンソンは、進化論が唯一絶対の真理とされる状況は、まるで容疑者が真犯人を見つけないとアリバイを主張できないようなものだと批判する。科学と宗教の分離を訴える主流派科学者たちこそ、進化論の教義を押しつけ、服従しない者を排撃する点で極めて宗教的だ。そして真に科学的であるためには、宇宙がデザインされた可能性も含め、あらゆる可能性を検討すべきだというのである。

同書でジョンソンがＩＤ論の父となったのは、主流派科学者との戦い方を示したからである。ジョンソンは、生命や宇宙の誕生について独自の仮説は示さない。モリスのように、箱舟の大きさや冬眠などを具体的に主張すれば、証拠を示した上で、批判と検証に耐えなければならない。だが、ジョンソンは主流派科学に対する方法論的な批判をしただけだ。主張しなければ、証明する責任はない。相手の主張に瑕疵があると非難し続ければ、見かけ上は攻撃側でいられるのである。

実のところ、主流派科学者はＩＤ論者の批判に答えられる。レベルが低すぎて相手にしていないだけだ。しかし、専門家ではない人々には、あたかも主流派科学者とＩＤ論者が対等に議論しているように見え、生命や宇宙の起源に関して科学論争があるかのように錯覚するのである。

３　冷たい弁護士と博士たち

二つの踏み絵

公聴会では、ハリスに続いて二二名の証人が登壇するが、多くはジョンソン流の戦法を踏襲する。

進化論は証拠を欠き、超越的な存在や霊的なものを頭から排除してかかる唯物論の哲学だと批判する。そして自分たちの主張の詳細は示さず、生命や宇宙はデザインされた可能性があると匂わせる。

公聴会を仕掛けたエイブラムスやカルバートは、当初企《たくら》んだように、主流派科学者たちに是非とも参加してほしかっただろう。主流派の本物の科学者たちに、最初の生命誕生の瞬間など科学がまだ明らかにできていない点に集中して議論をふっかければ、一般聴衆には科学論争をしているように見える。一方、自分たちはＩＤ論の可能性だけを示唆し、代替仮説を示さないのだから絶対に負けない。

しかし、この公聴会に唯一主流派を代表して参加した人物は、この戦法を見抜いていた。弁護士のペドロ・イリゴネガライ（一九四八年〜）である。キューバのハバナ出身で、一二歳の時、政治難民として渡米した。一九七三年のウォッシュバーン大学卒業と共にアメリカに帰化している。そして、司法試験合格後にトピカに法律事務所を構えていたところ、カンザス州教育省から主流派の教育基準案を擁護する立場で公聴会に参加するよう依頼されたのだ。

イリゴネガライも専門的な自然科学の教育は受けていない。だが、不安はなかったはずだ。ＩＤ論者など、大層な学歴を誇示したところで見掛け倒しだ。所詮《しょせん》は進化論が専門ではない連中が、科学風味の創造論をふりかざしているだけである。すぐに化けの皮は剝がせるといったところだろう。

公聴会では、少数派の証言の半分の時間が反対尋問に充てられる。審判役のコニー・モリスがのちに罵倒だったと非難するイリゴネガライの戦法はシンプルだ。彼は二つの踏み絵を用意した。地球の年齢と共通の祖先である。主流派科学を支持するのなら、地球は四六億歳程度と答え、系統樹をたどっていけばあらゆる生物は共通の祖先につきあたることを認める。

しかし、前者について一万年や一〇万年といった数値を答えれば、その証人は、若い地球説の信者だと分かる。そして、後者について人間と猿に共通の祖先はいないと答えれば、その証人は、ある種から新しい種が生まれる大進化を否定しており、人間は最初から人間として創られたと信じている。創造論者用のスクリーニング検査である。

イリゴネガライは、ほとんどの証人に対して、これら二つの質問を最初に行う。そして質疑の流れに合わせて、「共通の祖先を否定するのであれば、人類の誕生について代替案はあるのか」「仮にデザイナーがいるなら、それは誰か」といったＩＤ論の中身を聞いている。各証人の経歴と公聴会当時の職、そしてイリゴネガライの質問に対する答えをまとめたのが次頁の一覧表である（五番目のイタリア人のジュゼッペ・セルモンティの英語は書記が聞き取れなかったため、議事録が残されていない）。

素直な創造論者たち

地球の年齢と共通の祖先の質問は、前者の方があからさまな踏み絵である。

前述の通り、創造論者にも古い地球説派がおり、一日一時代説や断絶説などの案出によって、四六億年という主流派科学の地球の年齢と聖書を整合させられる。したがって、地球の年齢を数千年から一〇万年程度と述べるのは素朴な創造論者であり、一覧表を見れば分かる通り、そうした証人は数名だ。こうした証人に対しては、イリゴネガライは早々に信仰告白させてしまう。

遺伝子組換え技術の専門家でコーネル大学特任准教授のジョン・サンフォードの場合、地球の年齢は「五〇〇〇年から一〇万年の間」だとし、共通の祖先も否定する。そして人類の発生について、

「トピカの公聴会」証人一覧

証人	経歴と当時の職	地球の年齢	共通の祖先	ID論とデザイナー
①ウィリアム・ハリス	・ミネソタ大学で栄養化学の博士号 ・ミズーリ大学医学部教授	分からない。一万年前という説もあるが、四十数億年前かもしれない	認めない	・分からない。個人としては聖書によって導かれると信じている
②チャールズ・サクストン	・アイオワ州立大学エイムズ校で化学の博士号 ・ハーバード大学で科学史も学ぶ ・ディスカバリー研究所フェロー	四五億年	認めない	質問なし
③ジョナサン・ウエルズ	・イェール大学で宗教学、カリフォルニア大学バークレー校で生物学の博士号 ・ディスカバリー研究所フェロー	四五億年前くらいかもしれないが、その証拠は見ていないので、年々、疑問を持つようになっている	認めない	・「デザインする心」はあったが、それ以上は科学的に分からない
④ブルース・シマット	・ミネソタ大学で医学の博士号 ・ノースウェスタン大学准教授	質問なし	認めない	質問なし
⑤ジュゼッペ・セルモンティ	・元ペルージャ大学教授（遺伝学）	議事録なし	議事録なし	議事録なし
⑥ラルフ・シールク	・ミネソタ大学で生物学の博士号 ・ウィスコンシン大学教授	四五億年	質問なし	質問なし
⑦エドワード・ペルツァー	・カリフォルニア大学サンディエゴ校のスクリップス海洋学研究所で博士号 ・モントレー・ベイ水族館研究所に所属	四五億九六〇〇万年	認めない	・ID論はかなりの程度正しい ・ID論は超自然的な解釈ではない ・だがデザイナーが誰かは「まだ決定していない」
⑧ラッセル・カールソン	・コロラド大学で博士号 ・ジョージア大学教授（生化学・分子生物学）	四五億年	認めない	・ID論は検討に値する仮説 ・デザイナーが誰かについては、当初は科学的には確定できないとしつつも、イリゴネガライに詰められ、神だと回答
⑨ジョン・サンフォード	・ウィスコンシン大学で植物学の博士号 ・コーネル大学特任准教授	五〇〇〇年から一〇万年の間	認めない	・人間は神によって創造された ・その時期は従来の常識からすれば極めて最近 ・ID論を信じると明言
⑩ロバート・ディシルベストロ	・テキサスA&M大学で博士号 ・オハイオ州立大学教授（栄養学）	四五億年	認めない	・ID論に同意する ・人間は創造者によって造られた
⑪ブライアン・レナード	・オハイオ州立大学博士課程で科学教育の研究 ・高校の生物教師	四〇億年から四五億年と教えているが、個人的には意見がない	認めない	・「授業でインテリジェント・デザインを教えたことはない」などと質問をはぐらかして終了

⑫ダニエル・イーリー	・南カリフォルニア大学で生理学の博士号 ・アクロン大学教授（生物学）	五〇〇〇年程度もありうる	認めない	[illegible]在する ・最初の人類は存在する。それがアダムかどうかはわからない
⑬ロジャー・デハート	・シアトル・パシフィック大学卒 ・高校の生物教師	五〇〇〇年から一〇万年	認めない	・デザイナーが誰かは分からないが、デザインは存在する
⑭ジル・ゴンザレス＝ブラボ	・ウィチタ州立大学で修士号 ・中学の理科教師	質問なし	質問なし	質問なし
⑮ジョン・ミラム	・アリゾナ大学で計算化学・量子化学の博士号 ・計算化学のソフトウェア開発	四六億年前	認めない	・人類の起源について自然だけでは説明できない
⑯ナンシー・ブライソン	・サウスカロライナ大学で物理化学の博士号 ・元ミシシッピ女子大学理数科部長	四五億年から一万年まで	認めない	・知的なデザイナーがいた ・この見解は科学的なものではなく、信仰的なものであると明言
⑰ジェームズ・バーラム	・テキサス大学オースティン校で科学史の修士号 ・ノートルダム大学大学院博士課程在籍中	四五億年	認めない	質問なし
⑱スティーブン・マイヤー（電話参加）	・ケンブリッジ大学で科学哲学の博士号 ・元ウィットワース大学教授 ・ディスカバリー研究所シニアフェロー、科学文化センターの責任者	四六億年	認めない	・進化論と競合する仮説としてID論を支持する（エイブラムスとの会話での発言）
⑲アンガス・メヌゲ	・ウィスコンシン大学で博士号 ・コンコルディア大学教授（哲学）	分からない	認めない	・ID論は代替仮説の一つ ・デザインがいつ行われたのかは分からない
⑳ウォーレン・ノード	・ノースカロライナ大学で博士号 ・同大学教授（宗教哲学・教育哲学）	四五億年	認めない	・カルバートとのやり取りで「ID論は生物の授業で扱うべき」 ・イリゴネガライはポール・ネルソンの言葉を引用
㉑ムスタファ・アキョル	・トルコのボアズィチ大学で歴史学の修士号 ・作家	四六億年	認めない	・インテリジェント・デザイン理論とは、地球上の生命は、自然法則、偶然性、そして知性の結果として説明できると主張する科学理論。つまり、自然界に知性を見出すことができると主張する理論
㉒マイケル・ビーヒ	・ペンシルベニア大学で生化学の博士号 ・リーハイ大学教授	四七億年	共通の祖先が何を意味するかによるが、基本的には受け入れる	・進化にはデザインが関わっている
㉓ジョン・カルバート	・法律家 ・一九九九年にインテリジェント・デザインネットワークを立ち上げる	質問なし	質問なし	・起源の科学は、通常の科学とは異なるので、複数の仮説が競合するのが健全

「我々は特殊創造で神によって創造されたというのが私の説明です」と答えている。

この文脈での特殊創造《スペシャル・クリエイション》とは、神が二四時間×六日で世界を創ったことを意味し、サンフォードが若い地球説信者であると分かる。その後も、サンフォードは「生命や宇宙の起源の科学では超自然的な説明も取り入れる必要がある」「ID論を信じている」と回答し、最後は「主流派科学者たちの米国科学アカデミーのような組織は無神論者に乗っ取られている」と述べて証言を終えている。

ナンシー・ブライソンは殉教者といった役どころだ。彼女は、サウスカロライナ大学で博士号を取得したのち、母校ミシシッピ女子大学で化学を教え、理数科部門の責任者も務めていた。二〇〇三年二月、ブライソンは優等生を対象にした講演会を開き、「進化論の批判的考察」というタイトルでID論を紹介した。

しかし、講演が終わると会場にいた生物学の教員が声明を読み上げ、彼女の話は「科学を装《よそお》った単なる宗教である」と非難した。翌日には副学長がやって来て、理数科部門の責任者の役職を解くことを示唆し、自発的に職を辞するよう勧告した。ブライソンによれば、次年度以降の契約も打ち切るようなニュアンスであった。結局、次年度は留任したが、他にも嫌がらせがあり、別の大学に移ったという。学問の自由を侵して進化論者が異なる意見の持ち主を排斥した事例として、創造論者が好んで取り上げる出来事である。

公聴会でのブライソンは、地球の年齢は「四五億年から一万年の間のどこか」とし、共通の祖先は認めない。そして、人類の発生には知的なデザイナーが介在したと述べたあと、イリゴネガライに次のように答えている。

質問「さて、知的なデザインに対するあなたの意見は科学に基づかないのですね？」
回答「そうです」
質問「信仰者としての立場に基づくのでしょうか？」
回答「そうです」
質問「科学に宗教を持ち込むべきではないという意見に賛成ですか？」
回答「はい、賛成です」
質問「科学のカリキュラムに宗教は含まれるべきではないという意見に賛成ですか？」
回答「はい、賛成です」

このあたりで反対尋問は終わりだ。それは、そうだろう。証人自らがＩＤ論は宗教であり、科学の授業と宗教は切り離すべきだと言っているのだ。公聴会の意味を分かっているのだろうか。

さらに中学校の理科教師ジル・ゴンザレス＝ブラボの証言では、直接的に信仰の目覚めが語られる。最初の子供を妊娠した時、急速に世界観が変化した。胎内で育つ我が子を見ていると、下等な種から人間が生まれたという進化論を疑わざるを得なくなった。進化論を教えてきたが、生徒たちから「自分たちは目的を持って生まれてきた」という考えを奪い取ることだと気づく。こうして彼女は、世俗的なヒューマニストからキリスト教徒になったというが、宗教的な回心譚そのものである。

イリゴネガライも困惑しただろう。エイブラムスやカルバートは、ＩＤ論を科学的仮説として教育に持ち込むために公聴会を仕掛け、イリゴネガライはそれが宗教だと暴く。この対立が公聴会の基本構造ではないのか。なぜ、ブライソンやゴンザレス＝ブラボの証言が必要なのか全く理解できない。

さらに、多くの証人はマイノリティ・リポートの要約版しか見ていなかった。特にマイノリティ・リポートが批判する多数派の教育基準の改訂案には、ほとんどが目を通していない。基準の改訂について踏み込んだ質疑をしようにも、証人たちが勉強不足で議論にならないのである。

くさび戦略

イリゴネガライは、ある理由から、一秒でも早く公聴会を終わらせたかった。そのため、ブライソンのような証人の尋問は手短に終わらせ、ゴンザレス＝ブラボに対しては反対尋問そのものを放棄している。もう少し手強《てごわ》かったのが、公聴会の真の黒幕たちである。

彼らは皆、ある組織と関わりを持つ。ディスカバリー研究所である。シアトルに本拠を置くシンクタンクで、交通や通信などの研究も行うが、研究所内に設置された科学文化刷新センター（二〇〇二年に科学文化センターに改称）がＩＤ論運動の一大拠点となる。

一九九八年、ディスカバリー研究所で「くさび文書《ウェッジ・ドキュメント》」が作成される。くさびとはＶ字形の断面を持った工作道具だ。これを別の物体に強く打ち込めば、衝撃が一点に集中し、亀裂を入れたり、割ったりできる。

ディスカバリー研究所がダメージを与えたいのは主流派の科学だ。そのために、いつどこに亀裂を入れるのか、その手順やスケジュールをまとめたのがくさび文書である。[8] 最初のくさびになったのがジョンソンの『裁かれるダーウィン』だ。その勢いに乗じてＩＤ論というくさびを打ち込み続け、物質主義的・無神論的な科学を駆逐し、キリスト教に基づく科学で置き換えようというのである。

　くさび文書の計画は三期に分けられる。第一期「研究・執筆・出版」では、生物学などを中心にＩＤ論研究の基礎を固める。第二期「広報・世論形成」では、ＩＤ論の研究仲間を増やすと共に、一般のメディアや政治家を通じてＩＤ論を広報する。ここまでを二〇〇三年までに達成するのが当初の目標だ。そして、最後の第三期は「文化的な対決と再生」だ。唯物論的科学者と対決し、ＩＤ論の影響を自然科学以外の人文学・社会科学、政治、教育、倫理道徳などにも及ばせる。そのために、科学教育にＩＤ論が取り入れられるよう法的・政治的に働きかけるのである。

流出したくさび文書の表紙。ディスカバリー研究所。1998年

　くさび戦略に照らすと、二〇〇五年のトピカの公聴会は、まさに第三期の目標に沿った動きであると分かる。より具体的には、ディスカバリー研究所が「論争を教えろ（Teach the Controversy）」キャンペーンとして進めてきたものだ。学校教育を足がかりにして、進化論をめぐる科学論争が存在するというイメージを流布する。現実にはない論争の存在を主張し、ＩＤ論をねじ込む隙間を作り出すのである。

　実際、トピカの公聴会の前年、オハイオ州教育委員会で進化論批判を含んだ授業カリキュラム案の採択に成功していた。このカリキュラム案は、ブライアン・レナードがジョナサン・ウェルズの進化論批判本も参照しながら作成した。二人ともトピカの証人である。そしてトピカの公聴会でも、弁護士のカルバートがディスカバリー研究所と連携して動いていた。カンザス州はオハイオ州の次のくさび戦略の標的として目をつけられていたのだ。

ディスカバリー研究所という補助線を引いて証人リストを見直すと、研究員のような形で所属しているのは数名だが、それ以外にも多くが何らかの形で研究所とつながっていることが見えてくる。特に分かりやすいのは「ダーウィニズムへの科学的反論」という声明である。[9] この声明は、突然変異と自然淘汰で生命の複雑さを説明することに異議を申し立て、進化論の入念な検証を求める。二〇〇一年、ディスカバリー研究所がくさび戦略の一環で発表したものだが、トピカの二三人の証人のうち、一七名が署名している。そして非署名者にしても、研究所から本を出版したり、研究所の援助で博士号取得のための調査研究を行ったりしているのである。

イリゴネガライからすれば、自ら進んで信仰告白してＩＤ論が宗教だと暴露してしまう証人など、相手にしなくていい。それよりも、公聴会の裏で暗躍するディスカバリー研究所とくさび戦略の危険性を白日のもとに晒すことが遥かに重要なのである。

4　デザイナーは誰だ？

空洞です

イリゴネガライが最初に本腰を入れて反対尋問したのが、三人目のジョナサン・ウェルズだ。ウェルズはイェール大学で宗教学の博士号、カリフォルニア大学バークレー校で生物学の博士号を取得している。ディスカバリー研究所の中心メンバーの一人である。

反対尋問の冒頭、イリゴネガライは、ウェルズにディスカバリー研究所のメンバーであるかを確認する。ウェルズが自分は末端メンバーだとしつつも認めると、そのものずばりの質問を投げかける。くさび戦略が実在するかを聞いたのだ。

実は、くさび文書はディスカバリー研究所が進んで公表したものではない。内部向けの文書が流出したのだ。ウェルズは、くさび文書については何となく聞いたことがあるとシラを切る。イリゴネガライは、ウェルズが一九七〇年代から統一教会の信者で神学校にも通っていたことも確認すると、今度は、ディスカバリー研究所の上級研究員ポール・ネルソンの言葉を持ち出す。

ネルソンは、シカゴ大学で生物学史の研究で博士号を取得し、ジョンソンの『裁かれるダーウィン』が刊行されると同書を主題とした会議を開催するなど、ＩＤ論の立ち上げに尽くした人物だ。祖父のバイロン・ネルソン（一八九三〜一九七二年）も反進化論者として知られる。イリゴネガライがウェルズにぶつけたのは、そんな筋金入りの創造論者ネルソンがＩＤ論の課題について語った言葉である。

インテリジェント・デザインの支持者は、科学的な研究計画の開発に役立つものを科学界に何も提供していない。彼らは、他の人々が理解して適用できるような重要な用語の定義さえ明確にしていない。例えば「還元できない複雑さ」や「特定された複雑さ」といった概念を適用するための客観的な基準を示していないのである。

これに続けて、ネルソンは「ＩＤ論と呼べるような理論らしきものは存在しない」と述べている。真摯にＩＤ論と向き合った結果としての言葉だろう。仮説・検証・修正という科学的な手続きを踏むには、どのように生命が誕生し、いかに多様化してきたのかについてＩＤ論独自の仮説が必要だ。それなしに進化論批判ばかりしていても、ＩＤ科学は一向に発展しない。真っ当な意見である。

イリゴネガライはウェルズに正面から切り込む。

質問「ＩＤ論という定義可能な理論があるとお考えですか？」

回答「ええ、そうです。間違いなく［ＩＤ論は］発展しつつあります。他の人も言っているような理由で、カリキュラムに入れることは勧めません。若い理論なんです。まだ証明されていないので、カリキュラムには組み込めません。しかし、エキサイティングな理論であり、強固な理論だと思いますし、その全てがポール・ネルソンによるものではありません」

質問「では、ＩＤ論が最終的にはデザイナーが関与したと結論づけなければならないことに同意しますか？」

回答「ええ、心です。デザインする心です。もし何かが実際にデザインされたのなら、デザインする心がそれをしたに違いありません」
質問「しかし、人間によるデザインだと言っているわけではないのですね？」
回答「人間がデザインしたかということですか？」
質問「ええ」
回答「そうですね、確かに人間の登場以前には［人間によるデザインは］あり得ませんね」

イリゴネガライは、デザイナーについて問い続ける。ＩＤ論者はデザイナーの介入を主張するわりに、デザイナーが誰かを語らない。だが、あらゆる生命の誕生に先立って生物をデザインした存在者がいたとすれば、それは、これまで神と呼ばれてきたものといったい何が違うのか。

ウェルズは、ニュートンの万有引力の法則も見えない力を論じたため、当初は超自然主義として退けられたなどと返す。そして、「あるものがデザインされたかどうかを判断するための基準」を作り、それを自然界に当てはめるのがＩＤ論の方法だと答える。このＩＤ論の唯一とも言える方法論を引き出したところで、イリゴネガライはウェルズへの尋問を終わらせた。

自転車は原付に進化できるのか

ＩＤ論には数えきれないくらいの著作があるが、肝心のデザイナーについては教えてくれない。デザイナーはいつから存在するのか、デザイナーが世界を作る以前には何かが存在したのか、デザイナーはどのように誕生したのか。当然浮かび上がってくるこうした疑問には、ほとんどふれられない。

そうした中、ウェルズが述べた「自然界にデザインされたものを探す」という方法論、つまり、デザインの検出はＩＤ論唯一の主張らしきものである。そしてデザイン検出の手がかりとされるのが、ネルソンが言っていた「還元できない複雑さ」や「特定された複雑さ」である。

前者を提唱したのが、事実上、公聴会の最後の証人として登場したマイケル・ビーヒ（一九五二年〜、べーエと邦訳されることが多い）である。ビーヒは、一九七八年、ペンシルベニア大学で生化学の博士号を取得し、国立衛生研究所（詳細は第5章で述べる）を経て、リーハイ大学教授となる。そして一九九六年、『ダーウィンのブラックボックス』を刊行し、ＩＤ論の先導者の一人になる。

同書で論じられるのが、自然の中のデザイン検出法である。進化論によれば、突然変異と自然淘汰によるわずかな変化の積み重ねで、人間の眼のような精巧な器官も徐々に形成されてきた。これに対してビーヒは、わずかな変化の蓄積では生じ得ない、特別な複雑さが自然界にはあると主張する。

ビーヒの著書は面白い喩えに満ちているが、一つ挙げれば、自転車と原動機付自転車（以下、原付）の話がある。両者は似たような乗り物に見えるが、それでは、わずかな変化が積み重なれば、自転車が原付という新たな乗り物（＝種）に進化するのか。

ビーヒによれば、自転車のボルトの大きさを変える、スポークの数を増やす、タイヤをつけ替えるといった変化の積み重ねで、より乗り心地のよい自転車が作り出される可能性はある。だが、自転車の部品がどれだけ変化しても、エンジンやガソリンタンクといった原付に不可欠なパーツが新たに生じることはない。自転車と原付は似ているが、全く異なる構成要素の乗り物だというのである。

そして、還元できない複雑さとは、原付というシステムが稼働するのに最低限必要な構成要素の組み合わせだ。自転車が原付に変化するとしたら、それは、すでに原付を知っている人間が自転車にエンジンやガソリンタンクを組み込む改造を施した時だけだ。つまり、原付という複雑なシステムの完成図をあらかじめ把握している知性の介入が不可欠なのである。

鞭毛と懐中時計

ビーヒによれば、生物の世界は原付よりも遥かに複雑なシステムであふれている。例えばバクテリアや精子は、鞭毛《べんもう》と呼ばれるオタマジャクシの尻尾のような器官で泳ぐ。だが、オタマジャクシの尻尾が筋肉で動くのに対し、鞭毛の内部は二本の管を九本の管が取り囲む「9＋2構造」になっており、これがモーターのように連動して推進力が生まれる。

9＋2構造はバクテリアから人間まで生物全般に広く見られる共通点であるため、主流派科学では、まさに共通の祖先から引き継がれた特徴であり、進化論のエビデンスの一つとされる。だがビーヒは、鞭毛のシステムは最初から泳ぐために作られたもので、わずかな変化の積み重ねでは生じ得ない構造だとする。そして、こうした還元できない複雑さは、血液が凝固するシステムなどいたるところにあり、そこにデザイナーの介入を読みとるべきだというのである。

自然法則や偶然や必然性によって出来たのではなく、計画されたのである。デザイナーはそれらのシステムの完成図を知っていて、そのシステムを生み出すステップを踏んだ。地球上の生命は、もっとも根源的なレベルにおいて、もっとも重要な構成要素において、知的活動の産物なのである。[10]

こうしてビーヒは、デザインを「諸部分を目的に合わせて配置すること」と定義し、その検出がＩＤ論の研究方法だとする。しかし、デザイナーが誰かは語らないし、その必要もないという。

古代の遺跡から動物が描かれた石板が発掘されても、作者は特定できない。だが、石板がデザインされたことは確信できるし、研究もできる。同じように、デザイナーについて一切分からなくても、自然界の複雑さを入念に観察すれば、それがデザインされたかどうか判別できるというのである。

ジョージ・ロムニー「ウィリアム・ペイリーの肖像」

実は、デザイン検出論は古くから存在する。イギリスの神学者ウィリアム・ペイリー（一七四三〜一八〇五年）が『自然神学』（一八〇二年）で出した懐中時計の喩えが有名だ。荒野を歩いている時に懐中時計を拾ったとする。懐中時計を調べれば、無数の部品が時を刻むために精巧に組み合わされていることが分かる。懐中時計が自然物ではなく、何らかの知性（時計職人）が設計し、特定の目的のために工夫を凝《こ》らして組み上げたことが見てとれるのだ。自然も同様で、宇宙や生物を観察すれば、目的を持ってそれを組み上げたデザイナー（神）の存在に思いあたるというのである。

ダーウィンもペイリーの議論に親しんでいた。だがペイリーの理論では、宇宙や生物は最初から現在のような形でデザインされ、万物は不変ということになる。そうであれば、人間の盲腸やモグラの目のような機能を持たない痕跡器官の存在は説明できない。進化論は、ペイリーの静的なデザイン論を否定し、世界を動的にとらえる観点として提示されたのだ。つまり、ID論とは、懐中時計を鞭毛に置き換えただけで、現代風の万物不変論なのである。

公聴会でも、ビーヒは自説を繰り返す。鞭毛がいかに精巧な分子機械であり、一度システムが完成した後でないと組み立てられない複雑な構造を持っているかを解説する。だが、彼の話の根底にあるのは「複雑なものは何らかの知性によってデザインされた可能性がある」という素朴な直感だ。つまりは、複雑なものを合理的に説明しようとする科学的探求の放棄なのである。

藁人形論法

公聴会では、もう一人、ID論のキーパーソンが証言している。一八人目のスティーブン・マイヤー（一九五八年〜）である。現地トピカには来ておらず、唯一の電話参加だが、エイブラムスやカルバートにとって、是非とも参加してほしい重要証人だったと言える。

マイヤーは大学卒業後、五年ほど石油会社に勤務するが、奨学金を得てケンブリッジ大学に留学し、一九九一年に学位論文「手がかりと原因について――生命の起源研究の方法論的解釈」で哲学の博士号を取得する。その後は大学教員も務めたが、二〇〇二年、設立に関わったディスカバリー研究所の科学文化センターの専従職員になる。進化論批判とID論に関して活発な著述・講演を行い、様々なメディアに登場する。現在も科学文化センター所長を務め、ID論運動の最も重要なリーダーである。

しかし、だからこそ、マイヤーの証言と質疑は公聴会の中で最も不毛であった。マイヤーはＩＤ論という空虚な理論の先導者だ。しかも、ビーヒのような理系の研究者ではなく、科学史・科学哲学という文系の研究者である。独自のデータや科学的知見があるわけでもない。マイヤーの最大の武器は、その口先である。

反対尋問の冒頭、イリゴネガライはマイヤーに地球の年齢を尋ねる。他にもなかなか答えようとしない証人はいたが、この素朴な質問一つに、マイヤーは「基本的なルールを確認したい」などと言い出し、時間を浪費させる。一向に答えないので、イリゴネガライは、マイヤーの証言そのものを中止するよう議長のエイブラムスに要求する。

議長に促されて、ようやくマイヤーは答えるが、今度はなかなか口を閉じない。

回答「いいでしょう。地球の年齢は四六億歳だと思います。これは私の個人的な見解であり、専門家としての見解でもあります。私は地質学者として専門教育を受けた立場から話しているのですが……」

質問「それは聞いていません。私は数字を尋ねただけです。そして、あなたは答えてくれました」

回答「そうですか。必要なのは数字だけですか？」

質問「私の質問は極めて明快ですよ、マイヤーさん」

回答「あなたが興味があるのは答えではなくて……」

質問「全ての生命が原初から生物学的に関連しているという進化論の一般原則を受け入れますか？　イエスですか、ノーですか？」

回答「その質問にはイエスかノーで答えません。私は限定的な共通進化という考え方を受け入れています。普遍的な共通進化には懐疑的です。私はこれを原理ではなく、仮説として受け止めています。根拠がほとんどありません」

マイヤーは最後までこの調子で時間を稼ぎ続けた。

人類の発生について問われれば、自分の専門はカンブリア紀の生命誕生だと逃げる。そのわりに、人類の発生は神秘的で、進化論の唯物論的説明だけでは不十分だと言い始める。相手の批判はするが、自分の手の内は見せない。お手本のようなＩＤ話法である。

イリゴネガライは、マイノリティ・リポートの根本的な問題点を指摘する。マイノリティ・リポートによれば、多数派案は、進化は「非誘導」的で、いかなる意味も目的もないと決めつけている。だが、それは証明されておらず、進化が誘導的であった可能性、要するに、何らかの知的存在が進化を導いた可能性が残されており、それも含めて教育するべきだと主張する。

しかし、実は多数派の教育基準案には、進化が「非誘導」的だという表現はどこにもない。それにもかかわらず、マイノリティ・リポートは多数派案は非誘導的な進化論の教育を通じて、唯物論と無神論を子供たちに植えつけようとしていると批判する。つまり、多数派がしてもいない主張を批判しているのであり、イリゴネガライは、これは藁人形論法だと非難する。

他の証人と同じで、マイヤーは多数派案もマイノリティ・リポートも読んでおらず、カルバートたちが作成した要約しか見ていない。マイヤーは、仮に「非誘導」という表現がなくても、ダーウィン進化論そのものが唯物論と無神論を前提にしていると繰り返すばかりで、まともな議論にならない。マイヤーにすれば、所詮、カンザス州はくさび戦略に手頃な対象地として選ばれた場所の一つにすぎない。科学教育の未来のために真剣な議論をする気など端《はな》からないのである。

自然科学者ではないマイヤーがＩＤ論の指導者になれたのは、ＩＤ論の父ジョンソンがそうであったように、論争を長引かせる技術に長《た》けていたためだ。マイヤーは、論点をずらし、質問に質問で返し、中身のない論争をいつまでも引き延ばせる。ＩＤ論という主張なき主張の擁護者に必須の能力だ。マイヤーの質疑は、三日間の公聴会の中でも、格別に無益で無意味なものであった。

5　撃ちてし止まん

金の話

イリゴネガライは公聴会が始まる前から怒っており、一秒でも早く公聴会を終わらせたかった。最終日の夕方、それまで少数派の弁護士として証人への質問を担当していたカルバートが最後の証言を行う。質問者はなく、自説を述べる形である。とはいえ、そもそも無内容なＩＤ論に法律家のカルバートが付け加えられるものなどない。法律用語をちりばめた三日間の総括のようなものだ。

続いて最後の反対尋問が行われた。イリゴネガライも地球の年齢や共通祖先の質問はしない。同じ弁護士としてしばらく法律談義につきあうが、これ以上話しても無駄だ。イリゴネガライは「カルバートさん、あなたは……そうですね、私たちは行ったり来たりしているだけで、同意することはありませんね。私はあなたに改めて反対申し上げます。これで終わりにしましょう」と告げる。カルバートもイリゴネガライに感謝を述べ、全てが終了したかに見えた。

しかし、すぐに思い直したのか、イリゴネガライは最後の質問を始める。科学の話ではない。金の話だ。この公聴会のために、いったいどれほどの税金が使われたのか。

カルバートによれば、証人たちに使われた費用は五〇〇〇ドルだ。イリゴネガライは詳細を求める。財源は州教育委員会の予算なのか、宿泊費に食費は含まれるのか、誰が領収書を集めるのか。会場から「金の話なんかするな！」と野次が飛ぶが、それでもやめない。ホテルと航空券は誰が手配したのか、精算手続きはどのように行うのか。そして、当初カルバートたちは証人のために二万ドルの予算を要求したが、イリゴネガライの反対で五〇〇〇ドルに減額されたことを記録するよう求めた。

イリゴネガライは、何よりも金の無駄遣いに怒っていた。カンザス州の子供たちの教育のために使われるべき財源が、愚かな公聴会のために無為に消費されている。大切な税金がくさび戦略という創造論運動の食い物にされた。だから一秒でも早く公聴会を終わらせ、書記や警備など会場維持にかかる経費を抑えたかった。そしてイリゴネガライの怒りは五日後の最終答弁で大爆発する。

勇気とは起立して声に出すこと

二時間に及ぶ最終答弁の冒頭からイリゴネガライは公聴会を完全否定する。

公聴会では科学的議論は一切なかった。今後、他の地域でも科学の教育基準に創造論を持ち込む際のモデルとするため、カンザス州の税金が不当に浪費され、ID論運動とくさび戦略に利用された。エイブラムスも、審査役を務めたモリスとマーティンも創造論者だ。審査に必要な科学的知識もなく、少数派の証人に親指を立てたり、ハイタッチしたり、チアリーダーのようなことまでした。そんな人間が審査する公聴会に、議事録作成だけで一日一〇〇〇ドルもの金が使われた。

そもそも公聴会そのものに法的な問題がある。マイノリティ・リポートは必要な手続きを踏まずに教育委員会に提出された。本来、そうした文書を公に検討することなどあり得ないが、創造論者が多数派を占める教育委員会が職権を濫用《らんよう》して公聴会を開催してしまった。

そして看過し難いのは、マイノリティ・リポートが多くの健全なキリスト教徒を否定していることだ。信仰を持ちながら進化論を受け入れる主流派の科学者は無数に存在する。主流派科学者の全てが無神論者ではないし、無神論者でなければ主流派科学者になれないわけでもない。だが、ID論者は科学と宗教は敵対していると誇張し、対立を煽《あお》り、二者択一を迫る。信仰を持ちながら科学研究を行うことは十分可能なのに、ID論者は、宗教を使って科学研究を行うことを求めている。

こうした懸念は宗教者からも表明されていた。イリゴネガライは「ウィスコンシン州の聖職者の声明」を読み上げる。署名した聖職者たちは「聖書にある永遠の真理と現代科学の知見は何の問題もなく共存できる」と宣言する。とりわけ進化論は科学の根本であり、その上に多くの知識が築かれてきた。進化論の否定は進んで無知を受け入れることであり、神から与えられた理性の否定に他ならない。したがって、「科学は科学のまま、宗教は宗教のまま」であることを声明は求める。穏健な宗教者からも創造論者の運動は危険視されているのである。

予定されていた休憩時刻になっても、イリゴネガライは答弁を続けた。

二三人の証人のうち、仕掛け人であるカルバートとハリスを除けば、カンザスの人間は二人しかいない。カンザスには素晴らしい大学がいくつもあり、優れた教育が行われている。だが、くさび運動の食い物にされたことで、カンザス州は汚名を着せられる。州はバイオサイエンスの企業誘致をしているが、それにも支障が出るだろう。

そしてイリゴネガライは、教育委員会委員長であり公聴会議長であるエイブラムスが創造論者であることを裏づける手紙を読み上げる。エイブラムスは、たびたび自分は宗教を教育に持ち込むつもりはなく、科学的に公平な教育を求めているだけだと述べてきた。真っ赤な嘘である。一九九九年、最初に教育基準から進化論を外す決議がなされた時、エイブラムスは自分自身で改訂案を作ったと主張している。だが実際には、別の州の若い地球説信者が改訂案を作成していた。

教育委員会の仕事は、州の子供たちのために税金が適切に使用されているか監視することである。だがエイブラムスたちは逆のことをした。彼らの策動で無意味な公聴会が開催され、膨大な税金が無駄遣いされ、真っ当な教師が侮辱され、子供と親が損害を被るかもしれない。少数派がやるべきことがあるとすれば、多数派が作成した教育基準を読み直せ。そう言い放ってイリゴネガライは答弁を締め括った。

カルバートが答弁への反対尋問を要求するが、イリゴネガライは「自分は証人ではない」と拒絶する。それでも会場は反対尋問を望んでいるとカルバートは食い下がるが、イリゴネガライは「これ以上、間違いを犯すべきではない」と一蹴する。馬鹿げた公聴会が一秒でも長引くことに耐えられなかったのである。

穏健派の奪い合い

公聴会から半年後、教育委員会でマイノリティ・リポートの主張を盛り込んだ科学の教育基準が六対四で採択された。この時点では、委員会の多数派は創造論者が占めていたので仕方ない。だが翌年の委員改選で、六人の創造論者のうち二人が落選する。こうして科学擁護派が多数派となり、二〇〇七年一一月、今度は六対四で主流派の教育基準が採択された。イリゴネガライの奮闘で、創造論者のカンザス州への侵略は食い止められたのである。

しかし見方を変えれば、公聴会の開催から二年以上かけて、あたり前の教育基準に戻っただけである。カルバートとハリスが組織したＩＤネットは各地に支部を設立し、他の州でも教育基準の変更を求める運動を続けている。マイヤー率いるディスカバリー研究所は現在も活発な情報発信を続け、大学生・大学院生を対象にした夏期講座を開催し、コロナ禍でもウェビナーなどを通じたＩＤ論の普及に努めている。他にも無数の創造論者のグループが存在する。

公聴会で改めて確認されたのは、主流派の科学者は創造論者と関わってはならないことである。最初の証人のハリスは、主流派の科学者にボイコットを呼びかけた「カンザス科学市民の会」のウェブサイトの文章を暴露している。公聴会の三ヵ月前、同会のリズ・クレイグが自分たちの戦略について述べたものだ。

クレイグによれば、創造論者が教育委員会を乗っ取っているため、今回は少数派の改訂案を阻止するのは難しい。だがメディアを通じて、創造論者の無知と横暴を訴えることはできる。そして自分たちのターゲットは、進化論やＩＤ論についてよく知らない人々だと規定する。すでに創造論者になってしまった人は手遅れだが、神を信じつつも進化は自然法則の下に展開したと考える「穏健な人々」に働きかけ、彼らが創造論に引きずり込まれないようにすべきだ。つまり、普通の信仰者を異常な信仰者から守ろうというのである。

ハリスは、この書き込みを主流派科学者の排他性と公聴会ボイコットの不当性を示す証拠として持ち出したが、クレイグの戦略は主流派科学者が共有すべき教訓である。ＩＤ論者たちは執拗《しつよう》に論争を仕掛けてくるが、相手にしてはならない。彼らの目的は、主流派科学者と同じ土俵に立っているとアピールすることである。議論の中身はどうでもよいのだ。

トピカの公聴会で明らかになったのは、主流派科学者と創造論者の戦いが、両者の直接対決から穏健な信仰者の奪い合いにシフトしたことである。相手を論破して意見を変えさせることはできない。重要なのは、まだ進化論にも創造論にも強く肩入れしていない人々が敵陣営に引き込まれるのを防ぐことだ。穏健な信仰者に自分たちの意見を届ける広報やメディア戦略が勝敗を決めるのである。

しかし、このメディア戦で主流派科学者が有利なわけではない。ＩＤ論者は主流派科学者に難癖をつけるのが本務だ。ＩＤ論が中身のない理論である以上、他にやることはない。だが主流派の科学者には、それぞれ進めるべき研究がある。ＩＤ論批判など無益であり、時間を割いて議論しても、論争そのものが目的の敵を利するだけである。

数だけ見れば、主流派科学者はＩＤ論者を圧倒している。だが運動体として見た場合、主流派科学者たちは、それがあまりに当然であるため、あえて進化論陣営としてまとまる必要もない。一方、ＩＤ論者は様々なグループやネットワークを組織し、様々なチャンネルを通じて反主流派科学キャンペーンを行う。その結果、特に一般人に対しては、ＩＤ論者の声の方が強く響くことがあるのだ。

しかし、トピカの公聴会が行われていたまさにその時、状況を一変させるゲームチェンジャーたちが出現する。彼らは創造論者の嘘や欺瞞を暴くだけでなく、穏健な信仰者や宗教そのものを地上から消し去ろうとする。イリゴネガライが示したような穏健な信仰を持った科学者も否定し、信仰者は全て敵だと宣戦布告したのである。

これで創造論者がいなくなると思ってはだめだ。彼らはいなくならない。
また形勢を立て直し、次はもっとスマートで狡猾になっているはずだ。

――アメリカ自由人権協会の弁護士

根拠のない主張は根拠なく否定してよい。

――クリストファー・ヒッチンズ

第4章 四人の騎士
反撃の新無神論者

1　ゾンビとの戦い

教室防衛戦

創造論者との戦いは手間がかかる。話は通じないし、いくら斃《たお》してもキリがない。ゾンビのようなものだ。これ以上は創造論に感染したゾンビを増やしたくない。そのためには、せめて学校教育は死守すべきである。

スコープス裁判もトピカの公聴会も教室をめぐる攻防だった。学校教育という超強力メディアを通じて創造論の布教が公認されれば致命的だ。公教育への組み込みは国家公認を意味し、創造論を大いに権威づけてしまう。何より成長途中の子供たちに刷《す》り込まれた妄説を後から取り除くのは難しい。学校がゾンビの発生源になれば手の施《ほどこ》しようがないのだ。裏を返せば、くさび戦略が教育カリキュラムに狙いを定めた理由もここにある。

学校は両陣営にとって戦略的な要所であり、教室をめぐって多くの戦いが行われてきた。ここでは二〇〇〇年代までの戦いの趨勢《すうせい》を確認するために画期となった裁判を概観するが、その前提として合衆国憲法で信教の自由を定めた修正第一条を見ておこう。

　連邦議会は、国教を定めまたは自由な宗教活動を禁止する法律、言論または出版の自由を制限する法律、ならびに国民が平穏に集会する権利および苦痛の救済を求めて政府に請願する権利を制限する法律は、これを制定してはならない。[1]

政府による宗教の支援や優遇、そして、個人の宗教活動の制限が禁じられている。政府は特定の宗教を公認してはならず（国教樹立の禁止）、どの宗教を信じるのか（あるいは一切信じないのか）は個々人の良心に委ねられる。

最初の画期となったのは、一九六二年のエンゲル対ヴァイターレ裁判である。当時のアメリカの学校では、毎朝のホームルームなどで聖書の朗読や口頭での祈りが行われた。ニューヨーク州の場合、一九五五年に州が作成した「全能の神よ、私たちはあなたに依存していることを認めます。私たち、両親、先生方、国家に祝福を与えて下さい。アーメン」という祈禱文が唱和されていた。

州の見解では、この祈りは宗教的に中立だという。だが、全能の神《オールマイティ・ゴッド》に加護を求める文言はどう見てもキリスト教的であり、ユダヤ系のスティーブン・エンゲルをはじめとする保護者が州教育委員会を訴えた。連邦最高裁のヒューゴ・L・ブラック判事は教会学校の教師も務めた人物であったが、どのような形でも祈りは本質的に宗教的行為であり、公立校で奨励するのは国教樹立を禁じた修正第一条に違反すると判断した。[2] この判決はアメリカの政教分離を方向づけた出来事として、米政府機関が運営するウェブサイトにもレポートが掲載されている。[3]

翌一九六三年にも、公立学校での聖書朗読を義務づけたペンシルベニア州法を違憲とする判決が下された（アビントン学校区対シェンプ事件）。その後も学校での祈りについては、卒業式に招待された宗教者による祝福（リー対ワイズマン裁判、一九九二年）や、高校のフットボールの試合前に生徒主導で行われた祈り（サンタ・フェ独立学区対ドゥ、二〇〇〇年）をめぐって裁判になっているが、いずれも修正第一条違反とされ、エンゲル対ヴァイターレ裁判の判決が引き継がれている。

一九六八年のエッパーソン対アーカンソー州裁判では、再び進化論教育を禁じた法律が問題になる。スコープス裁判の数年後、バトラー法を手本に制定されたアーカンソー州法である。進化論が記載された教科書の採用をきっかけに、生物教師スーザン・エッパーソンが同法の無効性を確認する訴訟を起こした。連邦最高裁は、同法はキリスト教原理主義の信仰に基づくと認定している。[4]

パンダ裁判

一九八〇年代になると、創造科学をめぐる判決が立て続けに出る。マクリーン対アーカンソー州裁判で問題になったのは、一九八一年の「創造科学と進化科学の公平な取り扱い」に関する法律だ。進化論の学校からの排除が難しいと悟った創造論陣営が戦略転換し、創造科学と進化論に同じ授業時間を割くことを義務づける授業時間均等法の制定にこぎつけたのだ。他の州でも同様の法案が準備され、アーカンソー州と同年に立法化されたルイジアナ州でも裁判となった（エドワーズ対アギラード裁判）。

いずれの判決も州法を違憲とした。前者では、創造科学は超自然の介入を仮定する非科学であると退けられた。[5] 判決文は、公立学校は政府組織の中でも最も重要で影響力が強く、宗教的信念の押しつけに利用されてはならないと述べる。後者でも、州法は「超自然的な存在が人類を創造した」というキリスト教的見解を助長しており、修正第一条に違反すると判断された。[6]

そしてトピカの公聴会と同じ二〇〇五年、初めてインテリジェント・デザイン論を争点にしたキッツミラー対ドーバー学区裁判の判決が下される。問題になったのは生物学の教育方針だ。前年の一〇月、ペンシルベニア州のドーバー学区の教育委員会は、九年生（日本の中学三年生に相当）の生物の授業で進化論を教える際、教師が次のような内容の声明を読み上げることを決議した。すなわち、進化論は理論であって事実ではない、ID論も生命の起源に関する説明であり、参考書として『パンダと人々について』がある、いかなる理論にも生徒は広い心を持つことが奨励される、生命の起源についての議論は生徒と家族に委ねられる。

この声明読み上げの義務づけは「IDポリシー」と呼ばれたが、それもそのはずで、背後ではディスカバリー研究所が暗躍していた。ドーバー学区の教育委員会のメンバーに若い地球説信者がおり、ディスカバリー研究所とコンタクトを取ってポリシー採択に向けて動いたのだ。参考書の『パンダと人々について』もID論教育のために作成された教材だ。[7] パンダは白黒の体色を持ち笹を食べる。手には笹をつかむための親指のような突起もある。こうしたユニークな特性は自然淘汰だけでは説明できず、誰かが意図してデザインしたというのだ。同書の編者チャールズ・サクストンはディスカバリー研究所の研究員で、トピカの二人目の証人である。他にも「還元できない複雑さ」のマイケル・ビーヒが寄稿し、巻末の教師用解説の著者の一人はスティーブン・マイヤーである。

IDポリシーに対しては、反対する教育委員三名がすぐに辞任し、教師たちも声明の読み上げを拒否した。そのため、教育委員会から送り込まれた学校管理者が生徒に声明を読み聞かせたが、タミー・キッツミラーをはじめとする保護者が裁判を起こす。参考書のタイトルからドーバー・パンダ裁判とも呼ばれるが、ＩＤ論が初めて正式な法廷で裁かれることで注目を集め、スコープスを支援したアメリカ自由人権協会をはじめ、政教分離のためのアメリカ市民連合などが原告側についた。

中でも国立科学教育センターは原告団に助言を与え、創造論批判の資料を提供するだけでなく、重要な証人を送り込んだ。創造論の歴史や思想を研究するバーバラ・フォレストである。フォレストは、フィリップ・ジョンソンに始まるＩＤ論の歴史を解説し、くさび戦略の存在を暴露する。そして、『パンダと人々について』の執筆者たちが創造論者であることを具体的に指摘し、同書の表現の変遷を証言した。初期の草稿では「創造」や「知的創造者」となっていた部分が、エドワーズ対アギラード裁判などでの創造科学の敗北以降、「インテリジェント・デザイン」や「知的な存在《インテリジェント・エージェンシー》」と修正された。つまり、教室に創造論を持ち込むための小細工が重ねられ、ＩＤ論が創造論の焼き直しにすぎないことを法廷で明らかにしたのである。

パンダ裁判では、ビーヒも被告側の証人として出廷した。トピカではＩＤ論の権威として饒舌に語ったが、ここでは反対尋問でやり込められた。そして、仮にＩＤ論を科学的仮説とするなら占星術も同等に扱わなければならなくなることや、「還元できない複雑さ」を論じた査読付き論文が一つもないことを証言させられている。

裁判長のジョン・Ｅ・ジョーンズ三世は、かつて共和党から下院議員に立候補したことがあり、原理主義者を支持母体とする当時のジョージ・Ｗ・ブッシュ大統領によって連邦地裁判事に任命された。こうした経緯から被告である創造論陣営に忖度《そんたく》した判決が期待されたが、ジョーンズはＩＤポリシーを違憲とした。判決文では、ＩＤ論は科学界から全く相手にされていない、ＩＤ論は超自然的な因果関係を前提としている、「還元できない複雑さ」は進化論を批判するだけで科学的概念ではない、『パンダと人々について』は時代遅れの概念や間違いだらけだと指摘され、ＩＤ論は創造論由来の宗教的見解だと認定された。

恐れるのはただ無為に時を過ごすこと

このように創造論者による学校教育の乗っ取りは何とか回避されてきたが、対創造論者戦はどうしても専守防衛的にならざるを得ない。しかも、パンダ裁判の判決文が述べるように、金銭的・人的な資源をとことん食い潰す。だが、創造論者の攻撃は終わる気配がない。

進化生物学者のナイルズ・エルドリッジには、スコープス裁判からマクリーン対アーカンソー州までを扱った創造論批判の著作がある。[8] 進化論と創造論をめぐる論争は、知性ではなく世論の問題だという指摘はその通りだが、彼が提案する対抗策は今からふり返ると弱腰に見える。

エルドリッジは、当時一部の教育委員会が採用していた方法を紹介する。つまり、できるだけ科学以外の授業で創造論に言及し、その際にはキリスト教だけでなく、諸宗教の創世物語にもふれるのだ。学校で創造論の紹介はするが、科学でなく歴史や社会の話にするのである。導入しやすい対策であるが、その後の展開を考えると心許《こころもと》ない。

マクリーン対アーカンソー州で原告側の証人となった科学哲学者のマイケル・ルースは、裁判の勝利後、アメリカ自由人権協会の弁護士から次のように警告される。「これで創造論者がいなくなると思ってはだめだ。彼らはいなくならない。また形勢を立て直し、次はもっとスマートで狡猾になっているはずだ」[9]。この言葉通り、反進化論法が難しいとなれば、創造科学と進化論の授業時間均等法が制定され、それも退けられると今度は創造科学がID論に装いを変えてパンダ裁判やトピカの公聴会に至った。

そして、公聴会でID論者を撃退したはずのカンザス州ですら、一〇年も経たないうちに再び科学の教育基準が攻撃された。二〇一三年、複数の州が共同で、より効果的で実践的な次世代科学基準を作成し、カンザス州も加わったのだ。これに対して「客観的な公教育を求める市民の会」が訴訟を起こす。新しい教育基準は無神論や世俗的ヒューマニズムといった神なき宗教を支援するため修正第一条に反するというのだが、同会のリーダーは八年前の公聴会でID論陣営の弁護士を務めたジョン・カルバートである[10]。トピカでの敗戦後、ID論者の残党をかき集めて新たな団体を立ち上げたのだ。この訴えは最終的には連邦最高裁で却下されるが、それまでには実に三年もの歳月を要している。

さらに、学校教育を州法から引き離そうとする試みもある。

一九九〇年代以降、アメリカ各地でチャーター・スクールが認可されるようになる。チャーター・スクールとは、本来は通常の公立学校で落ちこぼれた生徒などのフォローを目的とする補習学校で、公費で運営される。だが、一般の公立校と比べると法律や教育委員会による縛りが緩く、教員免許を持たない者でも教壇に立てる。こうした規制の緩さにつけ込み、創造論者がチャーター・スクールを設立運営し、創造科学やID論の教育を行っているのである[11]。

防衛的である限り、対創造論者戦の終わりは見えない。どこかに全体を統率する教皇や総裁がおり、それを斃せば終わるわけではないのだ。草の根レベルも含めた様々な集まりやネットワークが各地にあり、その一つを斃したところで新たなグループが立ち上がる。ある場所で負けても次は別の場所で、前とは違う名目と戦略で延々と攻撃を仕掛けてくるのである。

神の国の敵地戦

さらに言えば、そもそもアメリカの歴史風土が創造論者に有利である。建国の礎《いしずえ》となったのは信教の自由を求めてイギリスから渡来した巡礼始祖《ピルグリム・ファーザーズ》である。以来、アメリカの社会と文化にはキリスト教が深く根づいてきた。公立学校での祈りは禁じられたが、今でも国の式典や学校では「神の下の分割すべからざる一国家」への忠誠の誓いが行われる。神をゼウスやアマテラスに置き換えてみれば、その異様さが分かるだろう。

ホワイトハウスの祈禱朝食会で牧師の導きで祈るオバマ元大統領。2014年

歴代大統領も聖書に手を置いて宣誓し、神の名を口にしてきた。「進化論は理論にすぎない」というID論者のお得意の主張も、一九八〇年の大統領選挙でロナルド・レーガンが原理主義者の票を取り込むために使ったものだ。これ以降、教会に通う人は共和党に投票し、通わない人は民主党に投票するゴッド・ギャップが顕著になり、共和党では宗教票を取り込まないと大統領になれなくなる。[12] 自らが「神の代理者」であるかのように語ったジョージ・W・ブッシュ元大統領と、キリストの

「王国の子」を名乗ったアル・ゴアの二〇〇〇年の大統領選もその延長線上にある。[13] 合衆国はキリスト教国家であると、事あるごとに確認されているのである。

中でも、これまで本書で言及してきたテネシー州、カンザス州、アーカンソー州などは熱心なキリスト教徒が多い聖書地帯《バイブル・ベルト》に含まれる。そこに暮らす非常に宗教的な人々と聖書を無謬とする異常に宗教的な人々には、それほどの隔たりはない。「聖書か進化論か」という二者択一を迫れば、ほとんどは前者を選ぶのだ。

一九八〇年代から現在まで、常にアメリカ人の四〇%以上が「人間はおよそ一万年前に神に創造された」と信じている。しかも、残りが進化論を完全に受け入れているわけでもない。三三%は「人間は進化してきたがそれは神の導きの下である」という有神進化論を信じており、「神の関与なしに進化した」と考えるのは二二%だけだ。[14] 八割弱は神が地球の歴史に介入したと信じているのである。

こうした完全敵地で創造論者の波状攻撃を個別撃破していても消耗するだけだ。それでは、どうすれば創造論者の進撃を止められるのか。それには創造論者の発生源を断つしかない。あたり前だが、キリスト教が消滅すれば、創造論者もいなくなる。進化論と学校の防衛だけでなく、宗教を徹底的に攻め立てなければならないのである。

2　いつか宗教を滅ぼすために

ドーキンスと過激な仲間たち

ちょうどトピカの公聴会とパンダ裁判が行われた二〇〇五年頃、攻撃的な対創造論者戦の機運が熟し始める。その中心になったのが四騎士《フォー・ホースメン》と呼ばれる無神論者たちだ。彼らの次のような著作が反転攻勢の口火を切る（以下、邦訳があるものはその書名とし、刊行年は原著のものを記した）。

サム・ハリス『信仰の終わり——宗教、テロ、理性の未来』（二〇〇四年、未邦訳）、『キリスト教国家への手紙』（二〇〇六年、未邦訳）

リチャード・ドーキンス『神は妄想である——宗教との決別』（二〇〇六年）

左上から時計回りにドーキンス、ヒッチンズ、デネット、ハリス。ⓒDIREKTOR CC BY-SA 4.0

ダニエル・デネット『解明される宗教——進化論的アプローチ』（二〇〇六年）

クリストファー・ヒッチンズ『神は偉大ではない——宗教はいかに全てを毒するか』（二〇〇七年、未邦訳）

四騎士という呼称はやや自己陶酔的に響くが、彼ら自身の名乗りではない。のちには四人の対談本が『四騎士——無神論者革命を引き起こす対話』というタイトルで刊行されるが、この対談にしても本来はもう一人の論客が参加予定であった。[15]同書にはイギリスの俳優・作家として世界的に知られ、ヒューマニストとして反宗教活動をするスティーブン・フライが序文を寄せている。それも参考にしながら各人のプロフィールを紹介しておこう。

最も若いサム・ハリス（一九六七年〜）はロサンゼルス出身で、二十代前半にはインドやネパールの瞑想道場を行脚《あんぎゃ》し、英文学を学んでいたスタンフォード大学を中退する。その後、カリフォルニア大学で認知神経科学の博士号を取得して著述家となる。瞑想の技術を宗教から分離し、正しい認識を得るというのがハリスの立場だ。瞑想のポッドキャストやアプリも運営し、近年流行の瞑想法マインドフルネスの普及にも励んでいる。

リチャード・ドーキンス（一九四一年〜）は世界一有名な科学者の一人だ。進化生物学が専門で、オックスフォード大学で長年教鞭を取り、「熱烈なダーウィン主義者」を自任する。[16]三〇ヵ国語以上に翻訳された『神は妄想である』は三〇〇万部を売り上げ、四騎士の中でも圧倒的に多くの読者がいる。はっきり言えば、二一世紀の無神論を方向づけたのはドーキンスだ。無神論者のスーパースターであり、創造論者からは忌み嫌われる。彼の名を知らしめたのが処女作『利己的な遺伝子』（一九七六年）だ。後述するように、同書にすでに宗教批判の萌芽が見られる。

ダニエル・デネット（一九四二年〜）はボストン生まれの科学哲学者である。幼少期をレバノンですごし、ハーバード大学とオックスフォード大学で哲学を修め、タフツ大学教授となった。心の哲学や自由意志についての分厚い著作がいくつもあり、多くは邦訳もされている。ドーキンスの良き理解者で、進化論や認知科学を援用しながら宗教の正体を明らかにする骨太の論客である。

クリストファー・ヒッチンズ（一九四九〜二〇一一年）は、政治や文学の領域で活躍した作家である。オックスフォード大学卒業後、ジャーナリストとして世界中を飛び回り、リビアやイラクの戦場も取材した。博識に裏づけられた洒落《しゃれ》た言い回しを好み、文章も弁舌も巧みだ。ドーキンスが避けるような創造論者とのディベートにも参戦し、容赦ない皮肉と批判を浴びせかける。四騎士の中で唯一亡くなっているが、往時の姿はユーチューブなどで見ることができる。

燃えろ反神

四騎士の立場は、現在では新無神論（New Atheism）という名で定着しているが、いったい何が新しいのか。以下では、①科学至上主義、②好戦性、③運動性の三つで特徴づけてみよう。

無神論は古くから存在する。古代ギリシャで唯物論的な哲学を説いたデモクリトスやエピクロスを無神論者の先祖に数えることもできるだろう。その後もスピノザ、フォイエルバッハ、マルクス、ニーチェ、フロイト、サルトルなど、無神論は西洋史に繰り返し現れてきた。こうした系譜と新無神論者が異なるのは、第一に彼らの宗教批判が、哲学的・文学的な思弁ではなく、①自然科学と合理性に全面的に依拠する点にある。特に彼らがこだわるのが神の実在を示すエビデンスだ。

ヒッチンズの剃刀《かみそり》として知られる定型句に、「根拠のない主張は根拠なく否定してよい」というものがある。「神が実在する」という途方もない主張をしたいなら、途方もない証拠を出せ。証拠がないなら無視して構わないというのである。またドーキンスに言わせれば、無神論という呼称すら不適切である。なぜなら、無ユニコーン論者、無妖精論者、無サンタクロース論者とは言わない。神についてだけ無神論者と言うのがそもそもおかしい。エビデンスのない神の実在という仮説は、ユニコーンや妖精やサンタクロースの実在説と同じく到底受け入れられず、そうした虚構への信仰を強要する宗教は滅びるべきだというのである。

こうした単純明快な立場だからこそ、②新無神論者の矛先は、全ての信仰者と全ての宗教に向けられる。新無神論者にとって、穏健な信仰者など欺瞞《ぎまん》であり、原理主義者になりきれない半端者《はんぱもの》だ。ぬるま湯のような信仰を持つマジョリティが宗教を延命させてきた。宗教全てを攻撃し、穏健な信仰という誤謬の温床を叩き潰せば、創造論者の異常な信仰など自滅するというのである。

そして、③新無神論者たちは支持者に具体的な応答を求める。自分たちの主張に感銘を受けたのなら、無神論を個人的な信念として心に留めおくのでなく、行動してほしい。周囲との軋轢《あつれき》を覚悟で無神論者だとカミングアウトしてほしい。現在どこかの宗教組織に所属しているのであれば、そこを抜けてほしい。『神は妄想である』の目的は、「本を開いた宗教的な読者が、本を閉じるときには無神論者になっている」ことだ。巻末には、宗教を辞めるのを手助けする各国の無神論者団体やヒューマニスト団体のリストが掲載されている（邦訳版では省略されている）。

彼らは無神論者をブライトと呼び換える。同性愛者は、ゲイ（Gay、陽気な）という肯定的な言葉で自分たちを呼んで意識改革を求めて市民権を獲得した。それと同じように、否定的なニュアンスが強い無神論者の代わりに、ブライト（Bright、明るい、聡明な）と称するのだ。信仰を捨てるのは賢い選択であり、明るい未来につながっている。新無神論者は、キャラ立ちするリーダーたちの派手なパフォーマンスで、それまで「日陰者」だった無神論者のイメージをひっくり返したのである。[17]

四騎士は科学の知見を取り入れた現代的な無神論を広めたいわけではない。彼らの目的は、科学が正しく、宗教が間違っていることを誰にでも分かるように説明し、宗教に脅かされる社会を救うための変革運動を巻き起こすことだ。社会から宗教を排除し、代わりに科学とヒューマニズムで置き換える。ストレートな啓蒙主義であり、無神論よりもさらに踏み込んだ反神論（antitheism）である。

そして、新無神論者たちは戦いの構図を一変させる。スコープス裁判からトピカの公聴会やパンダ裁判まで、科学者や無神論者は必要に応じて穏健な信仰者と手を組みながら、異常な信仰を持つ創造論者に対抗してきた。だが、新無神論者はこの構図を否定する。科学的エビデンスを根本原理とし、宗教か科学か、いずれか一方の陣営への帰属を求めたのである。

お前らのせいでこうなった

とはいえ、四騎士は以前から結託して反宗教運動を続けてきたわけではない。四人が一堂に会したのも前記の対談本の収録時だけである。出自や学問的・職業的な背景も様々で、宗教批判の方法や内容も一枚岩ではない。四騎士と同じく、新無神論という呼称も彼ら自身の名乗りではない。それでは、なぜ今世紀の初頭、彼らはそろって好戦的な宗教批判に着手したのだろうか。

四人を突き動かしたのは、二〇〇一年九月一一日のアメリカ同時多発テロである。

宗教は、それ以前にもエルサレムやアイルランドや旧ユーゴスラビアで紛争や暴力の原因となってきた。だが、九・一一とそれに続くアフガニスタンやイラクでの戦争は、宗教の恐ろしさを改めて英米圏に知らしめた。イスラム教徒のテロリストが聖戦《ジハード》を唱えれば、テロとの対決を宣言したブッシュ大統領も聖戦《クルセイド》（あるいは十字軍）という言葉で応えた。

そして、絶大な影響力を持つテレビ伝道者ジェリー・ファルウェル（一九三三〜二〇〇七年）は、九・一一の原因は神の怒りであると語った。異教徒、同性愛者、中絶医、フェミニスト、さらにはアメリカ自由人権協会のような組織がアメリカ社会を堕落させ、「お前らのせいでこうなった」とまで発言した。[18] 他にも方々で宗教的レトリックが飛び交い、アメリカの二一世紀最初の戦争は宗教戦争の様相を呈したのである。

ドーキンスは、それ以前から散発的に宗教批判を行っていたが、テロがもたらした惨《むご》たらしい風景と、それでも宗教への敬意を求める聖職者たちの偽善的な言葉を聞いて、わずかに残っていた「宗教に手を触れるな」という気持ちが吹き飛ばされた。[19] デネットは、本来であれば、哲学者として、より研究を重ねた一般性の高い本を書くべきところ、早急にメッセージを出す必要性に駆られ、アメリカの一般読者に向けて『解明される宗教』を刊行した。

そして、九・一一の惨状を前にしてハリスは問う。なぜウサマ・ビン・ラディンのような貧しくもなく、教育がないわけでもない人間が恐ろしいテロを企てたのか。その原因は宗教だ。彼らは、口先だけでなく、「テロで死ねば天国に行ける」と本気で信じ込んでいる。[20]

ヒッチンズも、いい加減に宗教や信仰を称賛するのをやめるべきだと訴える。九・一一の一九人の実行犯こそ「最も誠実な信仰者」だったのではないのか。[21] また、テロ被害者のための追悼式では、アメリカで最も有名な牧師ビリー・グラハム（一九一八〜二〇一八年）が登場し、「全ての死者は天国におり、たとえ戻って来られるとしても、私たちのところには戻らないだろう」と説教した。なぜ、こんな男に死者とその魂を公に語る資格が与えられるのか。

宗教はあまりに危険で傲慢である。他にも公教育の乗っ取りや虐待など無数の問題を引き起こしてきた。宗教に長所などない。だからこそ、一刻も早く駆除しなければならないのである。

3　無垢ならぬ聖者たち

マザー・テレサのダークサイド

宗教が撒《ま》き散らす害悪をなくすため、信仰者を一人でも減らす。新無神論者は宗教の有害性を様々に論じるが、中でも筋金入りで派手なのが、ヒッチンズによるマザー・テレサ批判である。

マザー・テレサ（一九一〇～九七年）について多くの説明はいらないだろう。インドでの奉仕活動で知られるカトリック教会の修道女である。コルカタに「死を待つ人の家」を設立して貧者や重病人をケアし、苦しみに寄り添い、最期を看取った。一九七九年にはノーベル平和賞も受賞した。キリスト教徒が少ない日本でも、名言集や伝記といったマザー・テレサ関連本が何十冊も刊行され、教科書にも登場する。二〇世紀最大の偉人の一人というイメージが広く定着している。

一九九四年、ヒッチンズはマザー・テレサを扱ったイギリスのテレビ番組『地獄の天使《ヘルズ・エンジェル》』に脚本兼MCとして参加し、翌年、番組取材に基づく著書『宣教師の立場《ミッショナリー・ポジション》』を出版している。[22]その後も『神は偉大ではない』をはじめ、各種ディベートでもマザー・テレサ批判を繰り返した。[23]

ヒッチンズによれば、マザー・テレサを一躍メディアスターにしたのが、ドキュメンタリー映画『神に捧げる美しきもの』（一九六九年）である。この映画は、コルカタを実際以上に貧しい地獄のように描き、それと対照させてスラム街を歩くマザー・テレサを尊く演出した。そして、修道女を聖女に祀り上げるため、奇跡の捏造までしてみせた。

同作には、死を待つ人の家でのシーンがあるが、建物の内部は非常に暗く、当時の技術での撮影は難しいと思われた。だがフィルムを現像すると不思議な光がさしこみ、屋外のシーンよりも美しく撮れていた。これをテレサによる「神の光」だとマスコミに宣伝したのが、同作のナレーション担当マルコム・マゲリッジだ。不可知論者からカトリックに改宗したイギリスの有名ジャーナリストである。

ロナルド・レーガンから大統領自由勲章を授与されるマザー・テレサ。1985年

ヒッチンズは撮影を担当したカメラマンに取材し、この奇跡の仕掛けが当時最新のコダック社のフィルムであったと暴露する。そして、テレサ・ブランドが生み出す被害を明るみに出す。死を待つ人の家はホスピスとしてはあまりに粗末で、医療知識のない修道女やボランティアが患者を看ている。それ水で洗っただけの注射針が使い回され、薬の投与も十分ではなく、これでは治る人も治らない。それほど重病ではない少年の転院をテレサが拒否したために死にかけたという証言もある。また、テレサ

の元には世界中から莫大な献金が寄せられた。有効に使えばインド全土に病院を建てられたはずだが、資金管理は杜撰《ずさん》で使途不明金もある。

しかし、何より問題なのは、テレサが苦しみを愛していたことだとヒッチンズは批判する。テレサは、病に苦しむ貧しい患者の姿を十字架の上で苦しむイエスに重ねた。苦しんで死を受け入れるのは美しく、病気を治す必要はないと信じていた。ヒッチンズによれば、テレサは貧しき人々の友でなく、貧しさそのものの友であった。テレサの信仰が貧困を引き寄せたというのである。

悪魔の代弁者

苦しみを愛した聖女は、宗教の害悪をインド国外にも輸出した。テレサは、カトリック教会の教えにしたがい、人工妊娠中絶・避妊・離婚に反対した。ノーベル平和賞の授賞式でも、「今日の平和の最大の破壊者」は中絶であり、中絶が合法化された国こそ最も貧しい国だと非難した。[24]
一九九五年にアイルランドで離婚禁止法の廃止を問う国民投票が行われた際には、テレサはインドから現地に乗り込み、反対票を投じる運動を行った。ヒッチンズに言わせれば、暴力をふるう酔っぱらいと結婚したアイルランド女性の再出発をテレサは否定したのだ。しかし、それから一年も経たないうちに、英国王室の故ダイアナ妃がチャールズ皇太子と離婚した。すると今度は、テレサは友人であるダイアナを支持し、離婚を肯定する発言をした。あからさまな手のひら返しである。
こうした言動をとらえてヒッチンズは、テレサを狂信者・原理主義者・詐欺師と呼ぶが、その被害は死後も続く。テレサが亡くなると、カトリック教会では彼女を聖人にするための手続きが異例の速さで始まった。聖人までの過程は、まず列福《れっぷく》されて福者となり、その後、列聖《れっせい》されて聖人になるという二段階から成るが、これに一〇〇年以上かかるケースも珍しくない。例えばジャンヌ・ダルクの列聖は、その死から五〇〇年近く経った一九二〇年だ。だがテレサの場合、死の直後から列福・列聖のための調査が開始され、わずか一九年で聖人になった。

面白いことに、ヒッチンズはテレサの列福審査に参加している。

バチカンから「悪魔の代弁者」を依頼されたのだ。かつては正式に設置されていた役職で、候補者の列福にあえて反対の論陣を張るのである。とはいえ、ヒッチンズは嚙ませ犬にすぎない。同じ頃、教会はインドでテレサのために奇跡を探していた。列福にはテレサの執《と》りなし（神への仲介）によって起きた奇跡が必要になるが、都合よく病気治癒の証言を得る。腹部に大きな腫瘍を抱えた女性が、テレサに祈ったところ腫瘍が消えたというのである。

ヒッチンズの怒りは、テレサや教会のまやかしより、それによって正しい価値観や知識の普及が遅れることに向けられる。苦しみを美徳だと信じるテレサは貧困を撲滅しようとしなかった。逆に苦しみの尊さを語り、貧者に貧困を受け入れさせ、貧困を生み出す原因を放置した。

また、本当は医師の治療も受けていたにもかかわらず、祈りで腫瘍が消えたなどという奇跡を教会が公認すれば、信仰治療のようなインチキで、この先も多くの人が苦しむことになる。テレサの列福は、カトリック教会が影響力を保つためのショービジネスだというのである。[25]

聖女のカミングアウト

さらにヒッチンズが『神は偉大ではない』を出版した二〇〇七年、新たな事実が明るみに出る。この年、伝記『マザー・テレサ――来て、わたしの光になりなさい！』が刊行された。同書では数々のテレサの私的な手紙が初公開されたが、その中で、神を信じられないことを告白していたのだ。

テレサは、同書の副題にある神の呼びかけに応えてインドへ向かい、一九五二年に死を待つ人の家を設立した。しかし、直後から神の声を聞かなくなり、ミサや儀式の時すら神を感じることがなくなる。結局、死を迎えるまで四〇年以上もこうした状態が断続し、その悩みと苦しみを様々な聖職者に手紙で相談していた。

しかし、聖職者たちのアドバイスは、テレサの心の闇は素晴らしい、信仰に苦しむのは全く正しい、その苦しみこそがイエスの磔刑《たっけい》の苦しみを分かちあうといったものだった。ヒッチンズは、自著出版のタイミングでテレサが無神論者だと判明したのは幸運としつつも、神を信じられない苦しみすら信仰の証に転換しようとする倒錯した論理に呆《あき》れ返り、そうしたメンタリティを持つ人々との議論は不可能だと切り捨てる。[26]

二〇一三年に発表された研究では、テレサ自身がある種の免罪符として機能していたことも指摘されている。[27]テレサを支持した先進国の人々は、途上国の貧困に後ろめたさを感じていた。だが、テレサが本物の聖女であり、自分たちに代わって奉仕活動をしてくれていると信じることで、自分は何もしなくても多少は罪悪感が薄れる。だからこそ、テレサは批判が許されないアンタッチャブルな存在であり続けたのである。

トニー・ブレア元英国首相とのディベート時のヒッチンズ（右）。2010年。©Andrew Rusk CC BY 2.0

幼年期の終わり

ヒッチンズは宗教の信者は人類の幼年期にあると批判する。世界を正しく理解し予測する術《すべ》がなかった時代、人間は天災や病に神の怒りを見出し、豊作に神の慈悲を感じるしかなかった。何が起こるか分からない世界の中で右往左往し、何とかパターンを見つけようとして作られたのが神という虚構だ。だが科学が発達した現在、災害・貧困・病気は対処可能であり、解決できることもある。全ては神の意思だと受け入れ何もしないのは幼稚すぎる。

とりわけキリスト教が説く全能の神には問題がある。ヒッチンズが元英国首相トニー・ブレア（一九五三年〜）との討論会で突きつけた点だ。ブレアは日頃から聖書に親しみ、英国首相としては例外的に信仰熱心と言われ、首相退任後に英国国教会からカトリックに改宗している。また首相在任時には、イギリスで唯一創造論をカリキュラムに組み込んだ学校への政府補助金の支出を決定し、英国国教会からの批判も招いた[28]。

ヒッチンズはブレアに問う。全てが神の計画だというなら、病気の人は病気になるように創造され、その後、回復するよう命令されたことになる。そして、神はその過程を逐一監視している。全能の神とは、こんな「残酷な実験」を行う、天上の北朝鮮の独裁者のような存在なのか。これに対してブレアは「私は北朝鮮の指導者を宗教的な象徴とは思わない」と話をそらせただけである。[29]

四騎士たちは、実存的な動機から宗教を批判するわけでもないし、より良い宗教のあり方を提案したいわけでもない。最後には宗教を滅ぼしたいのだ。そのためにも宗教の害悪を喧伝し、最大限そのイメージを傷つけたい。だからこそ彼らの舌鋒は鋭く、口調は断定的になる。

ガンディーもキング牧師もいらない

マザー・テレサ以外にも、カリスマ宗教者は数多く存在する。だが、手放しで肯定できる人物は一人もいない。マハトマ・ガンディー（一八六九～一九四八年）はどうか。インドの国父であり、マハトマはその功績を讃えた尊称だ。ヒッチンズも、ガンディーがインドの因習であるカースト制度を批判した点は評価する。だが、ガンディーはヒンドゥー教に囚われて、近代化を拒否した。新たな技術を敵視し、古くからの糸車を回す生活を理想とした。仮にガンディーが暗殺されずに長生きしたら、どれだけ被害があったか分からないという。

ハリスもガンディーのホロコーストへの対応案を批判する。ガンディーは、ホロコーストを終わらせるために、ユダヤ人は集団自殺すべきだと考えていた。そうすれば、世界中がヒトラーの暴力に気づくからだという。この提案の背後にはカルマと再生の信仰がある。しかし、来世での幸せのために、現世で何百万人も死ぬことを勧めるのは、あまりに不道徳的である。[30]

それでは、ガンディーに非暴力を学んだマーティン・ルーサー・キング牧師（一九二九～六八年）はどうか。ヒッチンズですら、彼の演説を読んだり聞いたりすると、時に涙を流すという。キングは博士論文を盗作し、酒や不貞で家族を苦しめたが、彼が命を捧げた公民権運動は間違いなく偉大だ。しかし、キングの功績がキリスト教道徳に基づいており、それゆえ宗教の素晴らしさを示しているという見解は拒絶する。

というのも、黒人差別の根本である奴隷制を支えてきたのがキリスト教会であり、よりにもよって、道徳の源泉とされる聖書も利用された。例えば創世記第九章にある大洪水後のノアと息子たちの話である。農夫となったノアはぶどう畑を作ったが、ある時、ぶどう酒を飲みすぎて裸のまま寝てしまう。その姿を三男のハムが見かけ、兄弟であるセムとヤペテに言いふらす。それを知ったノアは怒り、ハムの息子カナンが奴隷になるよう呪うのだ。そして、セムとヤペテの子孫がヨーロッパとアジアに、ハムの子孫がアフリカに広がったとされ、この部分が奴隷制肯定の論拠として利用された。そもそもキリスト教がなければ、キングが登場する必要もなかったのである。

さらにヒッチンズはキング牧師の抵抗運動を支えた周囲の人々に注意を促す。彼の側近や取り巻きには共産主義者や社会主義者がおり、これらの無神論者によって公民権運動の下地が作られた。キングを支えたのは、そうした無神論由来のヒューマニズムであり、人種差別と戦うのに神の力は不要だったというのである。

それでは、なぜ、害悪しかもたらさない宗教が世界中のいたるところにあり、今日まで延命しているのか。なぜ、近代化を果たした先進国ですら宗教を排除できていないのか。この点を科学的に解明し、宗教の有害性を学術的に論証しようとするのがドーキンスとデネットである。二人は、それまで創造論者の標的だった進化論を宗教殲滅《せんめつ》のための強力兵器として存分に活用する。

4　たったひとつの冴えたやり方

全ての利他は利己である

進化論については第1章で簡単に言及した。同じ種類の生物にも体の構造や行動パターンに様々な違い（変異）があり、その環境で生存繁殖に有利な特徴（形質）は次世代に引き継がれる。この変異と自然淘汰の積み重ねによって生物は経年変化するというのがダーウィン進化論の骨子である。ただし、変異を次世代に引き継ぐ遺伝のメカニズムは、ダーウィンが生きた一九世紀には知られていなかった。遺伝の基本法則は、ダーウィン（一八〇九〜八二年）と同時代の修道士グレゴール・メンデル（一八二二〜八四年）が発見していたが、それが周知されるのは二〇世紀以降である。ダーウィンはメンデルの論文が引用された書籍にも目を通していたが、進化論を補強してくれるメンデルの発見の重要性を見落としていたという。[31]

そして二〇世紀以降、進化論は遺伝学の成果を取り込みながら発展する。それを詳解したのが、ドーキンスが三五歳の時の処女作『利己的な遺伝子《セルフィッシュ・ジーン》』（一九七六年）である。これまで本書でも何度か自然淘汰という言葉を出してきたが、何となく一羽の鳥や一匹の猿といった個体レベルの淘汰を思い浮かべたのではないだろうか。これに対してドーキンスが打ち出すのが、淘汰を遺伝子のレベルで考える視点である。

生物の細胞にはDNAという分子が含まれる。DNAはA（アデニン）、T（チミン）、C（シトシン）、G（グアニン）という四種の物質の長い連なりで、そのうちタンパク質の設計に関わる配列が遺伝子だ。DNAという物質の中に遺伝子というデジタル情報が格納されていると理解すればよいだろう。そしてDNAのかたまりが染色体だ。ヒトの場合、父親と母親から二三組四六本の染色体が継承されることで、親の遺伝子が子に複製される。

それでは、遺伝子のレベルで進化を考えるとどうなるか。

ヒトの場合、個体はせいぜい一〇〇年程度で死ぬ。しかも、特定の個体から見れば、一世代経るごとに子孫の中にある自分の遺伝子は半減する。だが視点を遺伝子そのものに移すと、デジタル情報であるがゆえに親から子へコピーされても劣化しにくく、数万年から一〇〇万年レベルの寿命を保ちうる。儚《はかな》く不安定な個体と比べれば、遺伝子は不滅なのだ。ただし、遺伝子には運び手が必要だ。それが生物個体であり、ドーキンスは遺伝子を保存伝達するための生存機械《サバイバル・マシーン》と言い換える。

そして遺伝子の視点に立つと、これまで利他的とされてきた行動が別の意味を持ち始める。

動物はしばしば自己犠牲的な行動をとる。捕食者の気配を感じて仲間に危険を知らせる警戒音を発すれば、音源である自分のリスクは高くなる。また社会性昆虫の場合、働きバチや働きアリといったワーカーは全てメスであるが、自分の子供は作らずに他の個体（女王）の生存繁殖に尽くし、時には自殺的に見える行動すらとる。

これらは自分の適応度を減少させて他者の適応度を増加させる利他行動に見える。まるで群れや種に無私の奉仕をしているようであり、倫理道徳の萌芽のように感じられるかもしれない。だが遺伝子レベルで考えると、利他行動は「同じ遺伝子を共有する他個体の世話に励むように仕向けられ」た結果として説明できる。

遺伝子の目線に立つと、ある個体が死んでも、他の個体に同じ遺伝子のコピーが保存されていれば構わない。そして実は、ハチやアリのワーカーは全て女王の子供である。したがって、自分は不妊でも女王が繁殖に成功すれば、同じ遺伝子が残る。一見は利他的な行動の背後にも、利己的な遺伝子の指令がある。ドーキンスにとっては、「協力は実在するが利他主義は実在しない」のである。[32]

誤読された処女作

とはいえ、ドーキンスは遺伝子が意思を持っているとか、人間も含めた生物は遺伝子に操られているとか、世界は残酷な適者生存であると主張したわけではない。遺伝子目線で進化をとらえると、あたかも遺伝子が利己的にふるまい、生物個体は遺伝子が次世代に生き残るための乗り物のように見えると比喩的に説明したのだ。個体から遺伝子へと、進化の見方の転換を迫ったのである。

そして、何よりドーキンスが強調したのは、人間だけは遺伝子に反抗できることだ。現代人の脳は、遺伝子の保存伝達とは絶対的に矛盾する避妊具を自ら使用するところまで進化した。何も考えられない遺伝子に対し、人間だけは皆が利己的にふるまった先にある悲劇を予見でき、それを防ぐ手立てすら講じられる。『利己的な遺伝子』は遺伝子への反乱を呼びかけて終わる。

そもそも進化を遺伝子レベルでとらえる視点はドーキンス独自のものではない。進化生物学の第一人者ジョン・メイナード＝スミスは書評で、「『利己的な遺伝子』は新しい事実を何一つ報告していない、何らかの新しい数学的モデルを含んでいるわけでもない――そもそも数学がまったく含まれていない」と述べている。[33]ドーキンスの功績は、それまで多くの研究者が漠然と抱いていた遺伝子レベルでの進化論理解を明示し、本来であれば数学なしには理解できない進化論を一つの数式も出さずに噛み砕いて説明したことにある。彼の本領は科学コミュニケーターとしての才能なのだ。

そしてメイナード＝スミスによれば、『利己的な遺伝子』が好評とともに「強い敵意」をかき立てたのは、ドーキンスの生物学的な主張が道徳や政治に関わるものだと誤解されたからである。進化論の啓蒙書が人文書として読まれたため、不当な誤解を招いたというのだ。

しかし、宗教が賞賛する無私の利他行動はあり得ないという主張は、どうしても道徳に関わる議論を呼び込んでしまう。さらに邦訳書では省略されているが、メイナード＝スミス自身が、書評の後半で、ドーキンスは「恐らく浅はかにもミーム概念を導入した」と苦言を呈している。[34]誤解の原因は読者だけにあったわけではないのである。

神の意伝子

『利己的な遺伝子』は序盤から宗教を挑発する。例えば遺伝子の複製とそのミスの話をする箇所で、唐突に処女降誕の話が始まる。ドーキンスによれば、聖書が翻訳される際、ヘブライ語の「若い女」を意味する単語にギリシャ語の「処女」という間違った訳語があてられた。このミスから、イエスの処女降誕という神話が生まれたというのである。[35]

しかし、この箇所で重要なのは、遺伝子の複製ミスで生じた変異が環境に適応的であれば次世代に引き継がれる、つまり複製ミスが進化をもたらすという点であり、わざわざ聖書の誤訳の話を持ち出す必要はない。初版から一三年後に刊行された第二版では、この箇所に注が追加されている。ドーキンスは「宗教的な感受性を傷つけることは今日では危険な仕事」だと述べつつ、初版刊行時に寄せられた「困惑した手紙」に対して、嬉々として聖書の誤訳プロセスを詳しく解説している。

そして第二版で最も入念に注が追加されたのが、初版の最終章に当たる「ミーム　新たな自己複製子」である[36]。ここでドーキンスは進化論から人間文化を考える視座を示す。ミームは明らかに人文学の領域に踏み出す概念であり、進化論を宗教批判の武器に転用するために考案された。

ミーム（meme）とは、文化の伝達や多様化を進化論的に理解するための概念だ。遺伝子の視点からも、ある程度は人間文化を分析できる。例えば小規模な部族宗教がなぜ世界中に見られるのかというと、同じ神への信仰が集団に一体感と結束を与えるためだと説明できる。ヒトという種は長らく数百人程度の血縁集団で生きてきた。そうした集団の成員が互いに強く結びつけば、生存繁殖は有利になるだろう。その結果、神を信じやすい遺伝子が受け継がれてきたと言えるのだ。

しかし、キリスト教、イスラム教、仏教など世界規模で何億人もの信者を有する宗教がいくつも存在しており、これらに一体感や結束という説明は通用しそうにない。しかも、部族宗教から部族性が除去され、誰もが救済対象となるキリスト教が生じたように、宗教そのものが進化しているように見える場合もある。人間文化を生物学的な進化論だけで説明するのは難しい。

ただし、文化を考える際にも、自己複製や淘汰という観点は使えそうだ。こうしてドーキンスは、文化は主に模倣によって伝達されるとし、遺伝子（gene）と対になるように、ギリシャ語で模倣を意味する単語mimemeからミームを造語したのである。

ミームの具体例としては、メロディ、観念、キャッチフレーズ、ファッション、壺の作り方、アーチの建造法などが挙げられるが、松岡正剛氏による「意伝子」という訳語が的を射ている。ドーキンスは第二版に追記した注で「ミームという言葉はどうやら良いミームだったようだ」と述べるが、学問的なアイディアもミームの一つである。良いアイディアは論文・書籍・講演などで繰り返し参照され、人の脳から脳へと伝達される。また、ネット・ミームという言葉を耳にしたことがあるかもしれない。ユニークな文章や画像、インパクトのある行動や身振りなどが、時に多少の改変を伴いながら拡散する現象である（不幸の手紙、仕事猫、アイス・バケツ・チャレンジなど）。

それでは、なぜ神という観念のミームはこれほどまでに広がったのか。ドーキンスによれば、それは実存に関わる深く難しい問い（なぜ私は生きるのか、人間はどこから来たのか、なぜ人間は死ぬのかなど）に対し、「表面的にはもっともらしい解答を与えてくれる」からだ。偽薬と一緒で「こんなものでも空想的な人々には効き目」があり、神のミームは世代から世代へと伝達されてきた。

そして遺伝子と同じく、ミーム同士が組み合わさってミーム複合体を作ることで、より強固になる。神のミームは、建築・音楽・絵画・儀礼・聖典などのミームと支え合い、中でも「地獄の劫火《ごうか》」が特筆される。教会や聖職者に背《そむ》くと死後に大きな苦痛が与えられるという観念のミームだ。これは「多くの心理的苦痛の源泉」となる陰険なミームだが、人々を服従させるのに有効であり、だからこそ神のミームと結びついて生き延びてきた。

さらに「ひたむきな信仰心」も強力なミームだ。特にキリスト教では、疑わずに信じること、証拠なしに信頼することが美徳とされてきた。ひたむきな信仰心のミームは理性を妨げることで他のミームを寄せつけず、それによって繁殖してきたというのである。

科学と理性の絶対守護神

ドーキンスのミーム論は、遺伝子目線の進化論に触発された文化試論であり、宗教批判だけが目的ではない。学術的にも多くの批判や疑問はあり（ミームにはＤＮＡに相当する物理的実体はあるのか、模倣と複製は違う）、今ではドーキンス自身もあまりこだわりを見せていないが、興味深い後続研究もいくつか生み出した[37]。

しかし、『利己的な遺伝子』に宗教批判の意図は皆無であり、思いもよらぬ困惑や批判を招いたというのはやはり無理がある。ドーキンスほどの鋭敏な頭脳の持ち主であれば、こうした反応は当然予想していただろうし、むしろ戦略的に宗教陣営の反発を呼び込んだと考えるべきだろう。

『利己的な遺伝子』の第一章では「人はなぜいるのか」という人文学の根幹に関わる問いが挑発的に表題に用いられる。そして「この章の表題のような質問をする好奇心の強い子どもに対して私たち大人が提示できるような、理屈の通った分別ある答え」を用意したのがダーウィンであり、「生命には意味があるのか？　私たちは何のためにいるのか？　人間とは何か？　といった深遠な問題に出くわしても、もう迷信に頼る必要はない」と宣言される。人文学の最も深遠な謎は進化論が解き明かしたため、人類の幼年期は終わったというのだ。

何より、その後のドーキンスの活動を考えれば、デビュー作にすでに宗教批判が込められていたの

2度目の宇宙旅行で国際宇宙ステーションに滞在するチャールズ・シモニー（右）。中央は若田光一氏。2009年。NASA

は何ら不自然ではない。むしろ筋が通っている。『神は妄想である』は新無神論の聖書と呼べるほど広く読まれたが、同書の刊行以前、ドーキンスは職業上の大きな決断をしている。

一九七〇年以来、ドーキンスは四半世紀にわたってオックスフォード大学の動物行動学の教員として教育研究にあたってきたが、一九九五年、同大の新設ポストに異動する。欧米の大学に見られる篤志家の寄付金を原資に運営されるポストで、「科学的精神啓蒙のためのチャールズ・シモニー教授職」という名称だ。チャールズ・シモニー（一九四八年〜）はハンガリー出身のプログラマーで、スタンフォード大学で計算機科学の博士号を取得後、一九八一年からマイクロソフト社で研究開発に従事した。本書の執筆にも使用しているワードやエクセルの開発にも携わり、マイクロソフト社の最初期の参加者として得た莫大な富を慈善活動にふりむけたのだ。

こうしてドーキンスは「すこしばかり飽きを感じはじめていた」生物学教師から、「オックスフォード大学の壁の外にいるより広い大衆に向かって物事を説明する」立場へと移る。[38] 科学コミュニケーターとしての卓越した才能を十全に発揮し、退職までの一五年を「世界をよりよい場所に」するために使うことにしたのである。

シモニーがこの教授職の意義を述べた宣言文で、ドーキンスが特にお気に入りなのが次の箇所だ。「将来のシモニー教授は科学に限界があることについても率直であるべきであり、一方で、宗教的ないし政治的勢力に対して彼らの言っていることに科学的妥当性があるふりをけっして許してはならない」。宗教との妥協が許されない科学と理性の絶対守護神としての立場が、世界一の大学の正式なポストで裏づけられたのである。

したがって、このあとドーキンスが宗教批判書を継続的に発表したことは驚くにあたらない。彼のポジションからして当然の成果であり、難解な科学の話を魅力的に伝える才能が最も活かせる仕事だったのである。

恐るべき従順な子供たち

それでは、『利己的な遺伝子』から三〇年後の『神は妄想である』(二〇〇六年)、それからさらに一三年後の『さらば、神よ』(二〇一九年)では、どのような宗教批判が展開されるのか。

『利己的な遺伝子』の最後でドーキンスは遺伝子への反逆を呼びかけた。遺伝子の影響は強力だが、人間だけはその専制支配に対抗できる。生まれついての無私の利他行動は存在しないが、「それを計画的に育成し、教育する方法を論じることさえできる」のが人間だ。文化を持つからこそ、生物界の中で人間だけが遺伝子に逆らえる。だが問題なのは、その文化が汚染されていることだ。もちろん、宗教によってである。

ドーキンス自身は一五歳の頃に信仰を捨てた。宗教の偶然性に気づいたからだという。

自分がキリスト教徒として育ち、キリスト教の学校に学んだのは、イギリス人家庭に生まれたこと以外に理由はない。もしバイキングの家に生まれていたらオーディンやトールを信じ、古代ギリシャに生まれていたらゼウスを信じたはずだ。[39] 宗教は、その人がどの文化のどの家庭に生まれるかという偶然の産物であり、信仰対象はどれも妖精と同じく実在しそうにない。『神は妄想である』では、クラレンス・ダロウの「私は、マザー・グースを信じないのと同じ程度に神を信じない」という言葉が引かれ、スパモン教が人気を呼んでいることへの喜びが綴《つづ》られている。[40]

それでは、たかだか偶然でしかない宗教をなぜ人間は信じ続けるのか。

そこにはヒトの進化のプロセスが関わる。種としてのヒトは、発生以降のほとんどの期間、狩猟採集生活を送ってきた。サバンナのような環境で捕食者に怯えながら、知恵と工夫をこらして生き抜いてきたのであり、そうした環境に適応的な遺伝子が現代人にも継承されている。その一つがエージェントを見出す傾向だ。エージェントとは動作主体である。風が吹いて草むらが音を立ててもエージェントはないが、そこにライオンが隠れていたなら捕食者というエージェントがいる。

人間の祖先の環境では、エージェントを見出しやすい祖先と見出しにくい祖先を比べると、前者が生存繁殖しやすい。エージェントを見出す祖先は、草むらで音がしたら危険を感じ、咄嗟《とっさ》にその場を離れようとするだろう。実際には捕食者はおらず、風のせいだったとしても、それほどのデメリットはない。一方、エージェントを見出しにくい祖先は、風だと思ったら捕食者がいたという状況に陥りかねない。

こうしてエージェントを見出す性質が優勢になり、人間の認知の癖として受け継がれてきた。ドーキンスによれば、キリスト教の神ヤハウェも元々は青銅器時代のカナン人の嵐の神だったが、次第に他の神々と融合して唯一神になったという。キリスト教の根本もエージェントを見出す遺伝的性質なのである。

もう一つ自然淘汰がヒトに与えたのが「親を信じる傾向」だ。祖先が暮らした環境は、捕食者以外にも無数の危険に満ちており、親は子供に様々な警告を与えたはずだ（あそこに近づくな、それを食べるな）。そして、親に素直にしたがう子供たちの方が高い確率で生存繁殖しただろう。だが、親を信じる傾向には副作用がある。親が正しくなくても、子供は信じてしまうのだ。こうして旱魃《かんばつ》の時には生贄《いけにえ》を捧げる、一日五回祈らなくてはならないといった、正しくない警告も末長く伝えられるようになった。「疑いを持たず服従する」傾向は「奴隷のように騙される」ことにつながり、それが宗教を延命させてきたのである。[41]

『悪魔に仕える牧師』の最終章には、ドーキンスが娘に宛てた手紙が収録されている。[42]ドーキンスは、伝統、権威、啓示を理由に何かを信じてはいけないと繰り返す。古くから伝えられているというだけでは何も正当化されない。ドーキンスからすれば、カトリック教会とスパモン教会には、歴史の長さ以外に何の違いもないのである。

二つの呪縛を断つ

ドーキンスの最も強固な同盟者がデネットである。デネットは、宗教の問題点を列挙するのではなく、どこまでも学術的に宗教を解体し、そのメカニズムを解き明かすことで、宗教の神秘性を消し去ろうとする。

デネットには『ダーウィンの危険な思想』（一九九五年）という著作がある。同書によれば、ダーウィン進化論の基本思想は「地上の生命は、たった一本の枝分かれする樹――生命の系統樹――をとおして、何らかのアルゴリズムのプロセスによって、何十億年もかけて生み出されてきたのだ」とまとめられる。[43] ポイントはアルゴリズムである。アルゴリズムとは計算法のような決められた作業手順のことで、それにしたがえば答えにたどりつく。スーパーコンピュータで計算しても人力で計算しても、早いか遅いかの差はあるが、必ず答えにゆきつく。

デネットによれば、ダーウィン進化論の凄みは、進化のプロセスが自然淘汰という「心を欠いた、機械的な」アルゴリズムだと指摘した点にある。進化に意図や目的はない。キリンは高所の餌を食べようとして首を伸ばしたのでもなければ、人間というゴールを目指して単細胞生物から複雑な生物への変化が始動したのでもない。進化は無精神性の自動的なプロセスであり、デザイナーのような意思を持った存在者は全く不要なのである。

誤解のないように補足しておけば、進化は創造論者が批判するような完全な偶然ではない。どのような突然変異が蓄積されるかは環境に左右され、その意味で、進化の道筋は確かにランダムだ。しかし、集団の中に形質の異なる生物個体が存在し、その違いが遺伝子に由来し、形質の違いが生存繁殖に影響を与えるのであれば、進化のアルゴリズムは必ず起動する。どのような変化が生じるのかは予見できないが、進化は必ず起きるのだ。

デネットはダーウィンの思想を「万能酸」と呼ぶ。万能酸とは架空の物質で、あらゆるものを溶かす。どんなに頑丈な容器にも閉じこめられず、一滴でもあれば最後には地球全体に影響を及ぼす。それと同じで、進化論の威力を生物学だけに留めるのは不可能で、倫理道徳や政治などあらゆる領域が進化論の下で根本的な再検討を迫られるというのだ。

そして、万能酸たるダーウィン進化論を宗教に浴びせたのがデネットの『解明される宗教』である。原題を直訳すれば『呪縛を解く《ブレイキング・ザ・スペル》』となる。呪縛《スペル》とは何か。デネットによれば、子孫を残せという遺伝子の命令に逆らってでも信じるものに命を捧げる能力こそが、人間と他の生物を分ける。だが、そうした神への陶酔感《スペル》が時に九・一一のようなテロを引き起こす。

こうした事態を前にして行うべきは、なぜ、かくも熱狂的な信仰が生み出されたのかを明らかにすることだ。ただ、その作業は多くの人が拠《よ》り所《どころ》とする宗教に懐疑のまなざしを向けることになる。それは無礼で冒瀆的だとされてきた。しかし、進化論という強力兵器を手に入れた今こそ、宗教の科学的解明を阻《はば》む呪縛《スペル》状態を解き、人々を宗教の呪縛から解放できるというのである。

敵の正体

こうしてデネットは宗教の解体作業に着手するが、中でも重要なのが、信仰は二階建て構造になっているという分析である。

デネットによれば、科学ですら信じることで成立する。多くの人は $E = mc^2$ という式を真だと認めるが、この式を特殊相対性理論から導いたり、この式が持つ物理学的意義を説明したりできない。物理学が専門でない科学者ですら同様だろう。私たちの多くは、理解も説明もできないのにこの式を真だと信じているが、それは式の理解という仕事を専門家に任せているためだ。式そのものではなく、理論物理学者の仕事ぶりを信じているのである。

一方、宗教も科学と似たような構造を持つが、一味違う。宗教では、神学者のような専門家でさえ、神がいかなる存在であるとか、三位一体が何を意味するかなど、信仰や教義の中核を完全に理解し説明できるわけではない。しかも、そのことを彼ら自身が明言する。だが、それは瑕疵や問題にはならない。宗教では「信じることに価値がある」からだ。教義や信仰が不可解であればあるほど、それを信じる価値は大きくなる。神を見失ったマザー・テレサの苦悩への賞賛がまさにこれであり、ドーキンスがいう「ひたむきな信仰心」のミームである。

したがって、デネットによれば、多くの人が確信しているのは神の実在ではない。彼らは「神の存在を信じるという事態が現実に存在して」おり、「それはとても良いことで、どこでも推奨・促進されるべきことだ」と信じているのだ。[44] 神の実在を確信するのは一部であり、大多数はそうした一部の人々の信仰を信じている。つまり、信仰の信仰者なのである。

そして、宗教と科学が決定的に異なるのは、科学では $E = mc^2$ に命をかけるような人はいないことだ。どんなに偉大な科学者の理論でも、必要なら修正すればよい。一方、宗教ではそもそも信仰の奥義を完全理解している人はいないし、必要に応じた教義の修正などあってはならない。宗教は、信じることを信じることに支えられているのである。

ややこしいのが、「本当に神を信じている人」と「神を信じるのは良いことだと信じる人」の区別がつかないことである。猿裁判で証言したブライアンが後者の典型だろう。第2章末で述べたように、ブライアンは心の底から聖書の無謬を信じる原理主義者ではなさそうだったが、原理主義者を代表してダロウと対決した。私たちは、ブライアンが本当に原理主義者だったのか、それとも農村部の人々への共感から原理主義を信じるのは良いことだと信じていたのかを厳密には区別できない。

さらに「神を信じるのは良いことだと信じる人」には、無神論者すら含まれる。自分は神を信じないが、他の人が神を信じるのは良いことだと信じる人々だ。こうした信じることを信じる人々こそが、穏健な信仰者と呼ばれるマジョリティの正体である。彼らによって、宗教の科学的解明は無礼で冒瀆だという呪縛が維持されてきた。神の実在は信じないが宗教は良いものだと信じる人々によって、宗教は格別の配慮と特権を与えられてきたのである。

したがって、デネットが示す宗教との戦い方はシンプルだ。宗教の自然科学的な研究を進めることに尽きる。進化論をはじめとする生物学、数理モデル、統計などを用いた科学によって宗教を自然現象として解明する。そして得られた情報を広く共有し、特に子供たちに提供する。

宗教教育の影響力は絶大だが、ドーキンスが言うように、どの家庭に生まれ落ちるかで大方決まる。しかも、物心つく前の子供たちには知識がなく、自分の意志で宗教を選んでいない。そこでデネットは、読み書き算盤と同じように宗教教育の義務化を提案する。[45] 地理や歴史や算数と同じように、長所も短所も含めて宗教に関する事実だけを淡々と教える。あらゆる宗教についてである。

こうしたインフォームド・コンセントがあった上で、初めて子供は自律的に宗教を選択できる（あるいは、どれも選択しない）ようになる。そして、あらゆる宗教に関する情報提供は、恐らく宗教間の競争を招くだろう。だが、その競争に勝てず、あいかわらず子供を騙して信じ込ませるような宗教はなくなってしまうべきだというのである。

5　敵の神をこそ撃つべきだ

気分はもう戦争

ここまで四騎士の主張を見てきたが、要点は大きく三つにまとめられる。すなわち、①宗教は有害で長所は何もなく、②宗教と信仰のメカニズムは進化論をはじめとする科学によって解明された。したがって、③子供たちに宗教を継承してはならず、宗教は滅びるべきである。それぞれ補足しながらまとめよう。

宗教の有害性に関して、キリスト教について言えば、最大の原因は聖書にある（①）。聖書は倫理道徳の源泉とされてきたが、おかしなことばかり書かれている。「隣人をあなた自身のように愛せよ」という命令は穏やかに響くが、あまりに極端だ。人間は、自分と全く同じように他者を気にかけられない。この命令にしたがうのは不可能で、結局は自己嫌悪しかもたらさない。[46]

聖書に収録されたエピソードも酷い。例えばアブラハムの試練だ。アブラハムには一〇〇歳になってようやく恵まれた息子イサクがいた。ある日、神はイサクを生贄に捧げるよう命じる。アブラハムはイサクを騙して山へ連れてゆき、縛り上げて祭壇の薪《まき》に載せる。そして息子を殺すために刃物を手に取った時、天使が現れて生贄を中止するよう伝える。アブラハムの神への信仰が確認できたというのである。イサクの燔祭《はんさい》として知られるこの話は、神への忠誠と不動の信仰の手本として、ユダヤ教とイスラム教でも重んじられる。

しかし、この話のどこが道徳的なのか。神は戯《たわむ》れでアブラハムの信仰を試し、そのせいでイサクは心に深い傷を負っただろう。この「恥ずべき物語」は児童虐待であり、いじめである。[47]この話は文字通りに読まれるべきではないという反論もあるが、それでは仮に寓話として読んだとして、どんな教訓があるのか。聖書から道徳が導かれることなどあり得ないのである。

結局のところ、聖書は本当に神の言葉なのか、それとも人間が書いた普通の本なのか、どちらか一方の可能性しかない。だが、前者は説得力がない。なぜなら、異なる聖典を持つ他宗教の信者も同じように主張するからだ。そして仮に後者であるなら、キリスト教神学の歴史は「本好きの男たちが集団妄想をこねくり回す物語」にすぎないことになる。[48]

フィリップ・ド・シャンパーニュ「イサクの燔祭」17世紀

したがって、宗教指導者を医師、法律家、倫理学者といった専門家と同等に扱う必要はないし、神学など学問ではない。神学者の中には、ホロコーストや日本への原爆投下を神が人間を成長させるために与えた試練として正当化する者までいる。[49]科学者が答えられない問いは無数にあるが、どうして神学者がそれに答えられるのか。宗教に見るべきところなど一切ないのである。

大いなる不幸な遺産

そして、間違いだらけの宗教が今日まで生命力を保ってきた原因は自然科学で説明できる（②）。とどのつまり、宗教とは「いたるところにエージェントが見えること」である。[50] しかし、こうした性質は祖先の環境には適応的だったかもしれないが、現代社会に適応的とは限らない。宗教は、進化の過程で身につけた遺伝的性質が誤作動した結果である。[51] 現代人の脳はバグだらけなのだ。

また、どの宗教の信者になるかは生まれ落ちた家庭に左右されるが、どれくらい信じるのかはある程度遺伝で決まる。躁病や統合失調症と過度の信仰の関係を示唆する研究を踏まえると、快感や多幸感をもたらす脳の神経伝達物質と宗教が関わっていると考えられる。[52] したがって、宗教だけが特別な体験をもたらすわけではない。麻薬を摂取しても異様に神経が研ぎ澄まされ、他者への愛に満たされるような体験ができるのだ。[53]

そうであれば、宗教に格別の配慮を与える必要はない。むしろ時代遅れの遺産は始末するべきである（③）。医療支援や慈善活動でも、宗教のコストパフォーマンスは悪い。国境なき医師団のような世俗組織が同じことをすれば、イエスの処女降誕のような話を伝えるのに無駄な時間を費やさず、より効率的に人々の苦しみを軽減できる。[54]

そして、宗教がもたらす害と無駄をなくすためにも、「疑問を抱かない無条件の信仰こそ美徳である」と子供に教え込むことはすぐに辞めるべきである。九・一一のような事件が起きると、穏健な信仰者は、そうした過激主義は「信仰の逸脱」だと非難する。しかし、宗教は客観的な証拠なしに信じることを求めるのだから、ある信仰が逸脱しているかどうかの基準など設定できない。[55] 正しく穏健な信仰と間違った過激な信仰があるわけではない。全ての信仰は間違っているのである。

本当の敵はグレーゾーンに

新無神論者が巻き起こした旋風により、二〇〇五〜〇七年の三年間でイギリスのアマゾン社では、宗教カテゴリーの本の売り上げが五〇％以上も上昇した。一番人気はドーキンスで、二番手がヒッチンズである。それに引っ張られて新無神論者の批判本も売れ、聖書の売り上げまで一二〇％伸びた。[56] そしてアメリカのタイム誌は、二〇〇六年一一月に「神対科学」という特集を組み、表紙にはドーキンスの名前が印刷された。新無神論者の登場で宗教にスポットライトがあたったことは間違いない。

新無神論者は容赦ない攻撃で本当に斃すべき敵を炙《あぶ》り出した。言うまでもなく穏健な信仰者である。原理主義者になりきれない半端者であり、自らは神を確信できないくせに、神への信仰には価値があると信じている。太陽神ラーもヴィーナスもアフロディテも信じないのに、自分の宗教は否定しない。そして聖書の全てを文字通りに読む必要はないとして、天地創造や奴隷制を肯定する箇所を象徴的に解釈してみせる。だが、こうした穏健さとは、要するに聖書を疑っている証拠だ。宗教の賞味期限切れに薄々気づいているからこそ、穏健な信仰という曖昧な立場に逃げ込んでいるというのである。

新無神論者は穏健な信仰者というグレーゾーンを攻撃し、彼らこそが本当の敵だと名指しして、敵陣営を倍増させた。本章の第1節で挙げた統計で言えば、アメリカで若い地球説を信じる人々は四〇%であり、彼らによる公教育の侵略を阻止するのがデイトンからトピカまでの戦いだった。これに対して新無神論者は、神の介入なしに進化が起きたと考える二二%以外の全てを敵に回し、これ以上、子供に宗教という無知を伝えるべきではないと通告したのである。

ネアンデルタール人は現存するいとこなんですか？　いとこなら、今ネアンデルタール人はどこにいるのでしょう？

——ジョージ・ペル枢機卿

第5章 すべてがFになる

1　遠い昔、はるか彼方の銀河で

歯牙にもかけない

新無神論者の無差別攻撃への反発は必至である。何しろ創造論を否定する主流派の科学者でも、穏健な信仰を持っていれば攻撃される。神と宗教を全否定しない限り敵なのだ。

確かに一般と比べれば、科学者には無神論者が多い。だが、それでもアメリカの場合は四一％だ。[1]一方、神を信じる科学者は三三％である。三分の一の科学者には、創造科学やＩＤ論を持ち出さなくても、宗教と科学は十分に両立可能なのである。

しかし、「宗教か科学か」の二者択一を迫る新無神論者は、両立論を潰さなくてはならない。新無神論では、宗教と科学はトレードオフである。宗教が衰退した分だけ科学の縄張りは広がり、世界はそれだけ良くなるのだ。そして穏健な信仰者への宣戦布告とは、全ての宗教団体を敵に回すことでもある。当然ながら、一三億の信者を擁するカトリック教会も敵だ。あえて招いたものとはいえ、四面楚歌の状況で、新無神論者は自分たちの主張を守り切らなければならない。

まずは、事の発端である創造論者の反応から見てみよう。創造論者からすれば、自分たちに対する新無神論者の扱いは屈辱的だ。マザー・テレサ、マハトマ・ガンディー、キング牧師といった世界が賞賛する聖者の批判に忙しく、ほとんど構ってくれないのである。

サム・ハリスは、かつて存在した生物の九九％が絶滅したという事実だけで、ＩＤ論を一蹴する。

宇宙を創造できる全能のデザイナーが、絶滅するような失敗作を創るはずがないからだ。[2]

リチャード・ドーキンスは、ID論は「安物のタキシードを着た創造論」だとして、創造論者との討論を断固拒否する。[3] 理由はトピカの公聴会をボイコットした主流派科学者と同じだ。ID論者は社会的認知という「酸素」を求めており、彼らと公の場で会うだけで権威づけてしまう。[4] 無視が一番なのである。

クリストファー・ヒッチンズは、インテリジェント・デザインという名称で創造論を再ブランド化したことだけは巧妙だったとする。だが、それゆえにID論者が知的だという印象を与えないために創造論者と呼び続ける。そして、主張の中身は幼稚な同語反復にすぎないと一刀両断である。[5]

ダニエル・デネットの場合には、原著で六〇〇頁近い『ダーウィンの危険な思想』の冒頭で、創造科学を「熱情のこもったごった煮状の敬虔な似非科学学説」と呼び、その箇所につけた注で創造論者は相手にしないと宣言する。『解明される宗教』でも、本文ではほとんど創造論者にふれない。やはり注の中で、ID論を信じるなら本気で研究してノーベル賞を取ればよいのに、そうしないのはID論者にも「分別」があり、自分たちのやっていることが学術研究ではなく「宣伝」だと分かっているのだと片づけている。[6]

新無神論者の敵は穏健な信仰者であり、一部の創造論者など歯牙《しが》にもかけず黙殺した。これではID論者の承認欲求は満たされない。見かけだけでも論争するのがID論者の存在理由だ。だが反撃しようにも、敵のリーダーは進化生物学者にして最強の科学コミュニケーターであり、手も足もでない。そこで彼らが可能性を見出したのが銀河での戦いである。

奇跡の地球

ＩＤ論の父フィリップ・ジョンソンは、二〇〇四年に二度目の脳梗塞に襲われて以来、新たに本を書く気力を失っていた。しかし、新無神論者の躍進を目の当たりにし、自分の使命に改めて気づく。そして二〇一〇年、共著書『全ての神々に抗して――新無神論の何が正しく何が間違っているのか』を出版し、宇宙という新たな戦場を指し示す。

同書で、ジョンソンは地球外生命の存在を熱心に否定する。探査機の調査で火星に水が存在する可能性も示唆されているが、水があっても生命が誕生するとは限らない。仮に生命がいたとしても、地球にいるような細胞から成る生命ではないはずだ。また他の星からの電波信号の探索も行われてきたが、今のところ知的な送信者は見つかっていない。要するにジョンソンは、地球は「極めて特別」だと言いたい。「全宇宙の中で知的な生命体、そして恐らくは遥かに単純な生命体ですら存在する場所は現在にも過去にも地球」しかないのである。[7]

それでは、なぜ地球にだけ知的生命体が宿ったのか。

ジョンソンによれば、可能性は二つある。一つはただの偶然だ。そして、もう一つが「宇宙の設計者」によって地球が複雑な生命体のための住処《すみか》として準備された可能性である。ジョンソンは、例によって唯物論に毒された選択肢だけでなく、「あらゆる合理的な可能性を自由に考えること」を訴え、一冊の本を強く推薦する。天文学者ギレルモ・ゴンザレスと哲学者ジェイ・リチャーズの『恵まれた惑星――私たちの惑星はいかにして発見されるために設計されたか』（二〇〇四年）である。

タイトルから想像がつくかもしれないが、著者は二人ともID論の総本山ディスカバリー研究所の上級研究員《シニアフェロー》である。彼らが論じるのは、地球とそこに暮らす生命の存在が、偶然ではあり得ない条件の上に成り立っていることである。

ドレイクの式をご存知だろうか。天文学者フランク・ドレイク（一九三〇〜二〇二二年）は地球外知的生命体の探査の先駆者で、一九六一年、地球人がコンタクトし得る地球外文明の数を推計する式を考案した。非常に単純で、次の七つの項目を掛け合わせる。[8]

①太陽系が含まれる天の川銀河で一年間に生まれる恒星の平均数
②惑星系を有する恒星の割合
③一つの恒星の周りの惑星系で生命の存在可能になる惑星の平均数
④その惑星で生命が発生する割合

フランク・ドレイク。2017年。

⑤その発生した生命が知的生命体に進化する割合
⑥その知的生命体が星間通信を行うくらい高度な技術を獲得する割合
⑦その高度文明が星間通信を行い続ける期間

ドレイク本人は一〇個という答えを出したが、この数値に大きな意味はない。というのも、⑤〜⑦などは未知の要素が多く、計算する人によって大きな差が出るからだ。そのため、最終的な地球外文明の見積もり数は一未満にも一〇〇万以上にもなる。

そしてゴンザレスとリチャーズは、ドレイクの式は根本的に楽観的すぎると批判する。[9] 地球の生命だけ見ても、ドレイクが挙げた七つよりも遥かに多くの条件が重なって存在する。例えば太陽系における地球の配置である。生命には液体の水が不可欠に思われるが、仮に地球がもっと太陽に近ければ水は蒸発し、遠ければ凍ってしまう。また、地球の外側に木星や土星のような巨大惑星があるのも重要だ。巨大惑星の重力が防御壁となり、地球を隕石や小惑星との大衝突から守ってくれるのだ。

ゴンザレスとリチャーズによれば、地球外生命の可能性を厳密に考えるには、こうした無数の条件を加味する必要があり、その点でドレイクの式は素朴すぎる。二人はドレイクの式に「生存可能圏《ハビタブル・ゾーン》にある地球型惑星の平均数」や「隕石などの衝突が少ない惑星の割合」といった項目を次々と追加する。[10] そうして作られた改訂版の式からはどうやっても悲観的な数値しか導けなくなるが、それが狙いだ。地球外生命などあり得ず、地球だけが信じられない幸運に恵まれて太陽系の生存可能圏の中に収まっている。そして、その事実が宇宙の設計者の存在を示していると言いたいのである。

悪手は悪手を呼ぶ

『恵まれた惑星』は、鞭毛の構造のあり得なさから、地球生命のあり得なさへと話題転換して、神やデザイナーが入り込む余地を作り出そうとしたものだ。生物の進化から宇宙へと舞台は変わったが、一見複雑なものをデザイナーの仕事に帰する点では同じである。そもそも第3章で紹介したウィリアム・ペイリーの『自然神学』（一八〇二年）でも、光と熱の源である太陽と地球の位置関係、地軸の回転、重力の強さなどが奇跡的に人間にとって適切であり、それが神の存在を証明するとされている。[11]二〇〇年以上前からある古典的な主張なのである。

ただし、この議論が厄介なのは、宇宙が謎に満ちていることは誰しも認めざるを得ないことである。宇宙は広い。観察や実験も容易ではなく、圧倒的に未知の部分が多い。ゴンザレスとリチャーズの話も全くの出鱈目《でたらめ》ではない。隣の惑星を見ても、火星の平均気温はマイナス六〇度以下で水は凍りついており、反対側の金星の表面温度は一〇〇度を超えて水は蒸発している。地球が広いとは言えない生存可能圏の範囲内にあるのは紛れもない事実なのである。

この問題は微調整《ファイン・チューニング》という名で知られる。

まるで生命が誕生するように地球が絶妙の配置に微調整されたかのように見えるのだ。さらに、地球の配置以上に微調整されているように見えるものがある。物理定数だ。例えば自然界には四つの力(強い力、弱い力、電磁気力、重力)がある。これらの力の強さは環境や条件に左右されない。円周率のように、宇宙のどこでも不変である。問題なのは、これらの力が、なぜその値であるのかだ。

仮に重力がもう少し強ければ、太陽のような恒星は縮小し、人間のような生物は自重で潰れてしまう。仮に強い力がもっと弱ければ、陽子は原子核の中に留まれず、宇宙は「水素ばかりの、ひどく退屈な世界」になり[12]、生命誕生はあり得ない。他にも物理定数はあるが、それが何億分の一でも違っていたら、現在のような宇宙もそこに生きる私たちも存在し得なかった。

とはいえ、「物理定数は、われわれ人間をこの宇宙に登場させるという目的で、今のような値に高い精度で設定」されており、そうした超繊細な微調整が可能なのは神やデザイナーだとする主張は論外である。[13] 複雑な宇宙を説明するために「複雑な宇宙を創造できる神」という段違いに複雑な存在を仮定しているのだ。分からないことを遥かに分からないことで置き換えただけで、議論は大きく後退している。隙間《ギャップ》の神と呼ばれる古くからある論法だ。

隙間の神は、科学者だけでなく、神学者からも批判されてきた悪手である。神のエビデンスを自然界に求めれば、科学の発展と共に神の居場所は次第にすり減り、いつかはどこにも入り込む隙間がなくなる。実際、遺伝学で補強された進化論は生命について神の居場所を大幅に削り取り、生物学の領域でID論者が論争を維持するのは難しくなった。その結果、未解明の部分が圧倒的に多い宇宙が改めて目をつけられたのである。

百億の星と千億の生命

ドーキンスには創造論者の宇宙への逃避行もお見通しである。『神は妄想である』において、隙間の神を徹底批判し、創造論者の逃げ場を潰しにかかっている。

なるほど、私たちが奇跡と言いたくなるような惑星に暮らしているのは事実である。だが、それは本当に偶然には起こり得ないのか。ドーキンスは、ドレイクの式と似たような掛け算を示す。[14] 天の川銀河だけで一〇〇億から三〇〇〇億の惑星があるとされ、宇宙全体では一〇〇〇億の銀河があるとも言われる。かなり控えめに見積もっても、一〇億×一〇億くらいは生命が存在できる惑星がありそうだ。したがって、生命が発生する確率が一〇億分の一くらいに低くても、宇宙全体では一〇億もの生命がいる勘定になる。日常感覚ではあり得ないような可能性でも、宇宙では十分起こり得るのだ。

さらに、ドーキンスは物理定数の微調整にも回答を示す。宇宙を支配する物理定数は生命を生み出しうる極めて狭い範囲に収まっているように見える。だが、そもそも私たちの宇宙以外にも宇宙が存在するとしたらどうだろうか。無数の宇宙が無数の物理定数を持って生まれているとすれば、物理定数の微調整も神など出さずに解決できる。

多宇宙論《マルチバース》と呼ばれる理論である。私たちの宇宙は、何十億、何百億とある島宇宙の一つにすぎない。そして、それぞれの島宇宙にはきっと一〇〇〇億の銀河があり、各銀河には数十億の惑星がある。惑星の配置や物理定数の無限とも言える組み合わせが存在し、その中で、たまたま生命誕生に適した物理定数に支配される島宇宙が私たちの宇宙なのだ。偶然そうした島宇宙に生まれついたからこそ、私たちは宇宙の存在に気づき、その神秘に魅了され、微調整の問題に悩んでいるのである。

まるでSF映画のような話だが、多宇宙論は、現在の宇宙論の標準モデルだという。観測と実験によって裏づけられ、よほどのことがない限りはくつがえらない。[15] 信じられないような大きさの宇宙では、信じられないことも起こり得る。いずれにしても、神やデザイナーを持ち出しても何一つ解決しないのだ。

ドーキンスに言わせれば、創造論の人気が衰えないのは、人間の直感に訴えるからだ。「生きものの複雑さ、美しさ、『目的に合っているさま』が知性のある創造主によってデザインされたことは、あまりに当たり前」に思える。[16] だから、アリストテレスもガリレオもニュートンも進化論を思いつかなかった。宗教的思考は人間にとって自然であり、既存の見方に挑戦する自然科学の方が不自然なのである。[17]

しかし、一九世紀になって、ようやくダーウィンが自然淘汰というアイディアを出した。人間という複雑な存在が、進化という単純なアルゴリズムで誕生したというのだ。実にあり得なさそうな話だが、これこそ真実だった。ダーウィンによって、人間は進化という直感に反する出来事が事実であると教えられ、新たな世界観を手に入れた。

ドーキンスにとって、科学は単なる分析手段ではない。科学は人間の意識を高め、直感に反する真実を教えてくれる。信じられないことを理性的に信じられるようにしてくれる。したがって、進化論で意識を高められてきた生物学者であれば、多宇宙論のあり得なさにも動じないし、さらなる意識の高揚を感じるという。

逆に宗教の説明には満足できない。分からないこと、あり得なさそうなことを放置し、神という古ぼけた仮定を持ち出して逃げているだけだ。科学がまだ埋めていない隙間があっても、そこを神の居場所にしてはならない。ドーキンスは「歴史を振り返り、けっして科学の負けに賭けるな」とアドバイスする。そして、科学にもらった勇気をたずさえて「ありえないように思えるものの恐ろしい空白部に大胆に踏み込む」ことを呼びかけるのである。[18]

2　清く正しく

批判者がよく言うように、ドーキンスは確かに宗教に手厳しい。新無神論運動を盛り上げるために、進化の副産物としての人間の宗教的本能を巧みに利用するようなところもある。[19] 宗教的熱狂に対抗するため、新無神論運動を宗教化しようとするのだ。

しかし、単に無礼なわけではない。ドーキンスは、自分が科学からもらった勇気と高揚を広く共有したいのだ。そのためにも、まずは、あなたの認識を歪める宗教を棄ててほしい。正しい知識を得て正しい世界観に目覚めよう。彼の著作は読者への善意と親切心にあふれ、揺るぎない信念に貫かれている。ジョンソンの「ドーキンスがもしもキリスト教徒になったら、きっと若い地球説の創造論者になるだろう」[20] という嫌味は、ひたむきな性格を的確に言い当てている。

しかし、だからこそ危うい繊細さもある。いつでも太陽を目指すようなドーキンスの向日的な姿勢は、一部では彼の人生経験とリンクしているはずだ。

ドーキンスが生まれたのは大英帝国の植民地ケニアである。父親が植民地省に勤めており、幼少期はアフリカの自然と召使いに囲まれてすごした。八歳の時にイギリスに戻り、上流階級の子弟が通うパブリック・スクールの一つであるオンドル校を経て、ドーキンス一族が先祖代々学んだオックスフォード大学に進学する。

オックスフォード大学はいくつもの独立したカレッジから構成される。祖父や父と同じくドーキンスが進学したベリオール・カレッジは、最も人気が高い優秀なカレッジだ。同カレッジだけで、ノーベル賞受賞者と英国首相を五人ずつ輩出している（ヒッチンズもベリオール出身である）。ドーキンスを動物学に目覚めさせたのは、学部で出会ったニコ・ティンバーゲン（一九〇七〜八八年）だ。一九七三年にコンラート・ローレンツらと共にノーベル生理学・医学賞を受賞する動物行動学の先駆者である。

ドーキンスは、ティンバーゲン門下でも理論研究に優れた才能を発揮する。二十代でカリフォルニア大学バークレー校の助教授になり、その講義がのちに『利己的な遺伝子』として結実する。そしてアメリカで数年すごしたところで母校に招かれ、シモニー教授職に異動したことは前章で述べた通りである。その後の活躍も目覚ましい。

二〇〇一年にはイギリスで最も権威のある王立協会フェローに選出され、ダーウィンやニュートンの仲間入りを果たした。高級誌プロスペクトの「影響力のある世界の知識人ランキング」では、二〇〇五年にノーム・チョムスキー、ウンベルト・エーコに続いて三位になり（ヒッチンズは五位）、二〇一三年には一位を獲得した。[21] 二〇一七年に王立協会が行った影響のある科学書の調査では、『種の起源』の二倍の票を獲得した『利己的な遺伝子』が首位となった。

華やかな経歴には現れない悩みや心配はいくらでもあるだろうし、祖父母の行きすぎた躾《しつけ》やパブリック・スクールでのいじめなど、一部は本人の口からも明らかにされている。決してドーキンスが恵まれすぎた世間知らずの楽天家だと言いたいわけではない。

だが、ドーキンスの邦訳者の垂水雄二氏が述べるように、自伝で次々と語られる「絢爛豪華な顔ぶれとの交流」を読むと、「住む世界のあまりの違いように圧倒され」てしまう。[22] ヨーロッパの特権階級に残る「宮廷サロン」の伝統を背景に語られる数々のエピソードは「途方もない自慢話を聞かされているようで、ウンザリする人がいるかもしれない」レベルなのである。

そしてドーキンスが自陣営に加わるように説得する相手の多くは、まさに住む世界が違う人々だ。創造論者にも、穏健な信仰者にも、無神論者にも知的・社会的なエリートはいる。だがドーキンスが生きてきたのは、ずば抜けて特権的で洗練された超一流の世界である。それゆえ、ドーキンスと彼が語りかける人々の間には、ある種の断絶がつきまとう。

親切な進化生物学者の困惑

そうした断絶が垣間見えるのが、カトリック教会のジョージ・ペル枢機卿（一九四一〜二〇二三年）との公開討論だ。二〇一二年、オーストラリアの公共放送のテレビ番組で行われたものだ。[23] ドーキンスはディベートにも強い。この番組でも最後には圧勝したが、何度か苛立ちを見せている。

ジョージ・ペル枢機卿。2012年。ⒸKerry Myers CC BY 2.0

番組は、観覧客や視聴者から受け付けた質問を司会者がさばき、ドーキンスとペルが交互に意見を述べる形で進行する。目新しい質問は一つもない。「無神論者は道徳を持てるのか」「死んだらどうなるのか」「なぜ全能の神がいるのに苦しみがあるのか」といったものばかりで、ドーキンスもペルも数え切れないくらい答えてきたはずだ。

そのうちの一つが「もし宗教がなかったら、何が価値観の基礎となるのか。適者生存の残酷な世界に逆行してしまうのではないか」という質問である。ドーキンスは、ダーウィンの理論は「なぜ、私たちが存在するのか」を説明する際には参照すべきだが、政治や価値観や生き方を考える時には参照すべきではない、進化論を学ぶことで社会が適者生存に傾くのを防げるのだと回答する。

だがペルは、科学は「なぜ、私たちが存在するのか」を説明できていないと噛みつく。なぜビッグバンが起きたのか、なぜ無生物から生物が生まれたのかについて科学は沈黙しているというのだ。ドーキンスは丁寧に応じる。科学は宇宙や生命が誕生したメカニズムを明らかにし、その意味での「なぜ」は解明されつつある。だが、「ビッグバンは何のために起きたのか」と目的を問うのなら、それは問い自体が間違っている。ペルも引き下がらない。自分の存在理由を問うことで人間は他の動物から区別される。だが、この点について科学者は何も語らないし、語れない。そして、ダーウィニズムと無神論が弱肉強食を説いたからこそ、アドルフ・ヒトラーやヨシフ・スターリンの蛮行が生まれたのだ。無神論批判の決まり文句の一つだが、観覧客からはペルに拍手が送られる。

ディスカバリー研究所などもダーウィンが疑似科学的な人種差別を創始したと熱心に主張するが、この種の批判が持ち出されるには理由がある。ペルの言う通り、かつて進化論と人種主義や差別は結びついていた。スコープスが使用した教科書『市民の生物学』では、遺伝と変異を扱う章で優生学の必要性が強調される。身体的・精神的な疾患を持つ家族の遺伝子を残してはならない。彼らは病気・不道徳・犯罪を撒《ま》き散らす社会の「寄生虫」であり、精神病院に隔離して根絶《ねだ》やしにすべきだと説かれる。[24] 自然淘汰が社会の指針として用いられ、悲劇を招いたのは歴史的事実なのである。しかも優生学の提唱者は、ダーウィンのいとこのフランシス・ゴルトン（一八二二～一九一一年）だった。

ドーキンスは冷静に回答する。スターリンは無神論者だったが、ヒトラーはそうではない。そもそも彼らの残虐行為と無神論は関係ない。ヒトラーの蛮行が自然淘汰論と関係があるのは事実だが、だからこそ、ダーウィンの理論を生き方や社会の指針にしてはいけない。枢機卿は目的を問う意味で「なぜ」という言葉を使うが、それは無意味な問いだ。と、ここまでドーキンスが話したところで観覧客から笑いがおきる。ドーキンスは「何がおかしいんだ？　何がおかしいんだ？」と苛立ちを見せる。

その少し後、今度は「何もないところから宇宙が生まれたというビッグバンについて素人にも分かるように説明してほしい」という質問が寄せられる。質問者は恐らくキリスト教信者だ。お世辞にも良いとは言えない質問だが、ドーキンスは、自分は物理の専門家ではないと前置きした上で、盟友ローレンス・クラウスの名を挙げる。

宇宙論が専門のクラウスは自ら反神論者と称し、四騎士に共感しながら反宗教運動に取り組む物理学者だ。番組当時、クラウスの『無から生じた宇宙』が出版され、ベストセラーになっていた。ドーキンスは同書の「あとがき」を執筆しており、この本が「神学者にとっては最後の切り札」である「なぜ何もないのではなく、何かが存在するのか」に答える「決定的な一撃」であり、『種の起源』に匹敵する一冊だと賞賛している。[25]

ドーキンスはクラウスの理論を手際よく要約する。物質と反物質を一緒にすると互いに打ち消しあって何もなくなるが、クラウスが言っているのは逆のプロセスだ。何もないところから物質と反物質が生じて宇宙ができた。数学的で難しい議論だが、少なくとも創造主のような途方もない仮定を置く必要はない。

しかし、ペルの反論によれば、クラウスは電磁力のような力が働く真空を指して無と呼んでおり、全く何もないところから宇宙が生まれたとは言っていない。これに対してドーキンスが「無とはどういうことか、異論はあると思いますが、いずれにせよとてもシンプルです」と言ったところで観覧客から笑いが起こる。ドーキンスは再び「なぜ、おかしいんだ？」と言って怪訝《けげん》な表情になる。ペルが笑いながら「無を定義しようとするのは、ちょっとおかしいですよ」と茶化してさらに大きな笑いが起きると、ドーキンスにしては珍しく口ごもってしまうのである。

いとこのネアンデルタール人

敵であれ味方であれ、ドーキンスには、どこか相手を高く見積もりすぎる癖がある。超一流の環境で超一流の人間に囲まれてきたため、相手が自分と同じくらい理知的でフェアだと信じるのではないか。オックスフォード大学の中では、それで問題ないのだろう。

だが前章で見た通り、ドーキンスはシモニー教授職に就任し、一九九五年以降の人生を大学の外の「より広い大衆に向かって物事を説明する」ことに捧げた。大衆は、それまでドーキンスが付き合ってきたような人々ではない。証拠を示して説明すれば、「神はいない」とあっさり納得するわけではないのである。

そもそもドーキンスはディベートが嫌いだ。[26] ディベート大会では、本来の自分の考えとは関係なしに、ある主張への賛否を論証する言葉のテクニックが競われる。だが、ドーキンスはディベートを

「魂の売春」と呼ぶ。本当に信じていないことを擁護するなど、唾棄《だき》すべきふるまいなのだ。

代わりに彼が好むのが、自ら「相互指導」と名づけた対話形式である。司会もおかず、投票もせず、勝敗も決めない。「相互の啓蒙を目的」にアイディアや情報を提供し合う討論だ。法廷形式で論破し合うのではなく、お互いが成長する。ドーキンスは、どこまでも知的で誠実な啓蒙家なのである。

そう考えると、ペル枢機卿とのディベートは最悪だった。説明しておくと、枢機卿とは世界一三億人のカトリック信者の中に二二〇人程度しかいない最高位の聖職者だ。その中でも、ペルはバチカンの要職を歴任し、次期教皇と囁《ささや》かれたこともある超大物の枢機卿だ。また教会史研究でオックスフォード大学の博士号を取得したドーキンスと同窓の学者でもある。

しかし、ドーキンスが二度目の苛立ちを見せた次の質問で、ペルは恐ろしい発言をする。

質問者は若いカトリック信者の科学者で、「進化に対する教会の立場を明らかにし、科学と宗教が本当に対立しているのかについてコメントしてほしい」とペルに求めた。司会が「人間が猿から進化したと認めますか？」とペルに問うと次のようなやり取りが始まる。

ペル　　　「ええ、恐らくは。ネアンデルタール人から「進化したの」でしょう。しかし……」
ドーキンス「ネアンデルタール人からだって？」
ペル　　　「恐らく」
ドーキンス「なんでネアンデルタール人なんですか？」

ペル　「他に誰かいますか？」
ドーキンス「ネアンデルタール人は私たちのいとこですよ。私たちは彼らの子孫ではない、彼らと同じ……」
ペル　「ネアンデルタール人は現存するいとこなんですか？　いとこなら、今ネアンデルタール人はどこにいるのでしょう？」
ドーキンス「現存しませんよ。絶滅してます」
ペル　「その通り。それが私の言いたいことです」

さすがのドーキンスも固まってしまう。枢機卿は恐らく進化論を十分に理解していないのだろう。私たちとネアンデルタール人に共通の祖先は存在するが、ネアンデルタール人がホモ・サピエンスに進化したわけではない。だからドーキンスはいとこと表現した。しかし、ペルのネアンデルタール発言に対して、観覧者からは一切笑いは起きていないのである。

ちなみにカトリック教会は、二〇世紀中盤以降、進化論を受け入れてきた。一九九六年、ヨハネ・パウロ二世が進化論は単なる仮説以上のものだと認め、現フランシスコ教皇も、二〇一四年に進化論とビッグバン理論はカトリックの教えと矛盾せず、神を魔術師のように考えるべきではないと述べている。[27]とはいえ、カトリック教会の立場は、進化も神の計画下にあるとする有神進化論である。「偶然的な進化の仕組みはすべて、神が偶然的なものとしたからこそ、初めて偶然的」になるのだ。[28]神は魔術師など話にならないくらい万能であり、偶然すら計画に織り込めるのである。

ドーキンスは互いに学び合い、啓蒙し合うことを求める。その点、ペル枢機卿は最も避けるべき相手であった。進化論を理解していないからではない。ペルは史上最大の宗教団体の最高幹部である。立場上、絶対に啓蒙されてはならないのだ。信仰の番人である枢機卿が、個人の考えで宇宙や生命についての見解を変えてはならない。むしろ、一三億の信者の見解を統御するのが彼の役目だ。その意味で、ＩＤ論者以上に対話が成立しない相手なのである。

しかし、新無神論者の攻撃は対話不能な敵を倍増させてしまう。「神など存在するわけがない」「神がいるなら証拠を出せ」というラディカルな問いかけに対し、相手もラディカルで頑《かたく》なに返答せざるを得ない。その結果、もしも新無神論者と信仰者という形で出会わなければ分かり合えたかもしれない相手とも、相互指導や対話ができなくなる。

そうした不幸に見舞われた一人が、ドーキンスに強く憧れ、まるでドーキンスと陰陽一対のような人生を歩んできた神学者だ。彼もまた自然と理性をこよなく愛するオックスフォードの紳士である。

3　取り憑かれた神学者

科学と神学の二刀流

神学にも様々なタイプがある。

ペル枢機卿はギリシャ哲学やトマス・アクィナスのような古典に基づき議論する伝統的な神学スタ

イルだ。他にも挙げておくと、例えばウィリアム・レーン・クレイグ（一九四九年〜）という神学者がいる。ヒッチンズとバイオラ大学で「神は存在するのか？」という論題でディベートした人物だ。バイオラ大学の前身は、『根本原理』を刊行したロサンゼルス聖書学校である。そこでクレイグが主張したのが神の宇宙論的証明なる議論である。簡単にまとめると次のようになる。

存在し始めたものには必ず原因がある。仮に宇宙が永遠だとすると、無限の出来事が存在することになる。だが、無限はあくまで数学的な概念で現実には存在しない。ゆえに宇宙には始まりがある。そして宇宙の存在の原因となれるのは時間や空間を超越し、なおかつ宇宙を創成するような知的な心である。したがって、神は存在する。[29]

当然、新無神論者はこうした言葉遊びのような主張にはまともにつき合わない。あいもかわらず針の上で天使は何人踊れるかといった無内容な議論を続けているとして、神学など学問ではないと一蹴する。

一方で、神学の内部からも自然科学や歴史学の知見を取り込もうとする動きもある。その筆頭が科学的神学を打ち立てたアリスター・マクグラス（一九五三年〜）である。

マクグラスは視野狭窄《きょうさく》に陥った神学の危機を訴える。一部の神学者は「神学の純粋さが汚れてしまうとして、他者との会話を拒絶」してきた。[30]だが、そうした「知的不毛の孤立化」を自ら招いているようでは、神学は意味のあるメッセージを発信できなくなる。目指すべきは「自然科学などの他の学問分野によって生まれたキリスト教信仰へのチャレンジ」に応答し、諸分野と対話や討論を行って「互いに学び合うこと」だ。それによって神学は再び公共的なものになる。

ドーキンスの相互指導に最もふさわしい姿勢であるが、マクグラスの経歴はさらに好ましい。

北アイルランドのベルファストに生まれたマクグラスは科学少年として育つ。病理学者の大叔父の顕微鏡で微生物を観察し、高校でも自然科学全般にのめり込んだ。とりわけ『無機化学』という本に魅了され、著者R・J・P・ウィリアムズが教鞭を取るオックスフォード大学ワーダム・カレッジを目指すようになる。ウィリアムズ本人による面接試験の手応《てごた》えはいまいちだったが、多額の奨学金を得ての入学が認められた。こうして一九七一年、マクグラスはオックスフォードへ向かうため、リヴァプール行きの船に乗り込む。科学に人生を捧げようと決めていた。

それまでマクグラスは宗教に興味を抱いたことはなかった。それどころか、キリスト教と自然科学は相容《あいい》れないと考え、マルクス主義を信奉していた。マクグラスが十代をすごした一九六〇年代の北アイルランドでは、イギリスへの統合か独立かをめぐってプロテスタントとカトリックが衝突した。宗教がなければ、そうした緊張や暴力もなくなる。マクグラスは未来を切り拓くのは無神論であり、宗教は近いうちに絶滅すると確信していた。[31]

アリスター・マクグラス。2008年。ⒸMatthias Asgeirsson CC BY-SA 2.0

しかし、入学早々、大きな転機が訪れる。学友たちと話すうちに無神論も一つの信仰にすぎないと気づき、キリスト教の方が面白く感じるようになったのだ。神学への転向も考えたが、出した答えは二刀流である。神学を独学しながら学部を優秀な成績で修了すると、大学院でも分子生物物理学の研究を続けながら、神学を本格的に学ぶためにオックスフォード大学のマートン・カレッジに入学した。そして一九七八年、神学を首席で修めると同時に、分子生物学の博士号を取得した。

落ちた偶像

世間は宗教と科学に明るい前途有望な若者を放っておかない。

マクグラスが神学研究を深めるためにケンブリッジ大学へ移る準備をしていた時、オックスフォード大学出版局から思ってもみないオファーが舞い込む。当時話題になっていた『利己的な遺伝子』（一九七六年）をキリスト教の立場から批判する本を書いてみないかというのだ。

マクグラスはドーキンスの熱心なファンだった。「どのような基準から見ても、『利己的な遺伝子』は刺激的で論争的で有益な素晴らしい読み物」で、ドーキンスの「聴衆を見下さずに、複雑な物事を理解できるようにする稀有《けう》な能力」に惹きつけられた。[32] だが大いに迷った末、この世界一大きな大学出版局からのオファーは断ることにした。まだ神学の勉強が足りておらず、神学も学んだ化学者アーサー・ピーコック（後述）など、適任者は他にいると考えたのだ。

その後もドーキンスはマクグラスの憧れであり続け、自分の神学研究に取り入れようともした。ミーム論である。キリスト教思想史の展開をドーキンスが提唱した概念で分析すると考えただけで興奮した。そして、ドーキンスの新刊が出るたびに感動しながら読み耽《ふけ》った。

しかし、次第にドーキンスが変わってゆく。一般向けの分かりやすい科学啓蒙書を書いていたはずが、いつのまにか意固地《いこじ》な宗教批判者に変わり果てていた。宗教を心のウイルスと呼び、著作からはキリスト教に対する底なしの敵意が滲《にじ》み出ている。

　ドーキンスの『悪魔に仕える牧師』（二〇〇三年）が出版される頃には、マクグラスは二〇冊以上の本の著者になっていた。『キリスト教神学入門』（二〇〇一年）は教科書として世界中で使われ、主著『科学的神学』全三巻も完成させた。社会的な地位も変わった。一九八一年に英国国教会の司祭となり、一九九五年にはオックスフォード大学の神学校ウィクリフ・ホールの校長となった。そして一九九九年、同大の歴史神学教授に任命され、二〇〇一年には二つ目となる神学博士号も取得した。

　今や宗教と科学に精通する超一流のキリスト教研究者であり、宗派を超えて読まれる世界一有名な神学者の一人である。自分も同じ道を来たからこそ、無神論者の気持ちも考え方も分かる。オックスフォード大学出版局のオファーから四半世紀の時を経て、マクグラスは、憧れのスーパースターの暴走を止められる最適任者になっていた。

裏切りの代償

　熱狂的なファンほど、裏切られたと感じた時の憤《いきどお》りは大きい。マクグラスは堰《せき》を切ったようにドーキンス批判の著作を書き始める。他の研究書と並行しながら、『無神論の黄昏』（二〇〇四年）、『神は妄想か？』（二〇〇七年）、『なぜ神は消え去らないのか』（二〇一一年）、『ダーウィニズムと神』（二〇一一年）、『大いなる問い』（二〇一五年）、『リチャード・ドーキンス、C・S・ルイス、人生の意味』（二〇一九年）などを次々と上梓し、恐るべき生産力でドーキンスとその仲間たちへの失望と非難を綴る。

その中でも『ドーキンスの神』（二〇〇四年）は思い入れがある著作だろう。初版は二〇〇四年に刊行されたが、まもなくドーキンスの『神は妄想である』が登場し、新無神論旋風が巻き起こった。そこで改めて『神は妄想である』への批判を追加した第二版が二〇一五年に出版されたのである。マクグラスも「一九七八年の依頼」に遅ればせながら応えた一冊だと述べている。

同書で、マクグラスが集中砲火するのが、ドーキンスの信仰の定義である。『利己的な遺伝子』以来、ドーキンスは一貫して信仰を「証拠なしに信じること」だと侮蔑してきた。要するに盲信である。しかし、ドーキンスのような馬鹿げた信仰の定義を採用する神学者や宗派など見たことがない。そして素人丸出しで、神はサンタクロースや妖精と同じだなどと小学生のようなことを言い出す。いったい、どこに神への信仰とサンタクロースへの幼稚な信仰を一緒にする人がいるのか。

そもそもドーキンスは科学も信仰であることに気づいていない。現在の科学者が信じていることを未来の科学者が信じているとは限らない。信仰とは「それが宗教的なものでも世俗的なものでも、人間が複雑な世界を理解するための正常な方法」であり、宗教と科学の間に優劣はない。[33] そしてドーキンスが分かっていないのは「人生で本当に大切なことは実証的な証拠を超えたところにある」ことだ。神の実在に関する問題を完璧に解決できる人などいない。神の問題は、DNAが二重らせん構造を持つかどうかといった問題とは質が異なる。あえて言えば、民主主義と全体主義のどちらが正しいのかという問題に近い。この問題は自然科学では解けないが、誰もが自分なりの考えを持っている。

また歴史が苦手なドーキンスは、ペイリーの懐中時計の話を批判して得意気になっている。だが、ペイリーなど二流の神学者で、一九世紀後半には他の神学者から論破されていた。むしろ、ヒッポのアウグスティヌス（三五四～四三〇年）は、創世記に関する考察で、神は原初の創造だけでなく、その後の世界の発展を継続的に導く存在だとしている。最初に一度だけデザインする神ではなく、自然法則を司る神だ。生物進化をキリスト教的に理解する枠組みは一五〇〇年以上も前に示されていたのである。

そしてミーム論も破綻している。マクグラス自身、自分のキリスト教研究に応用することも検討した。だが、実際に宗教思想や政治思想の展開を追跡すると、それらがコピーやコピーミスで進化するのではなく、多くの場合、意図的・計画的に変化し継承されていると分かる。ミーム論など、素直に情報伝達と言えばよいことを、もっともらしく言い換えただけだというのである。

無神論原理主義

マクグラスにすれば、ドーキンスは無神論の原理主義者になってしまった。そのせいで、宗教と科学を排他的にしか考えられない。マクグラスが特に不愉快なのが、物理学者フリーマン・ダイソン（一九二三～二〇二〇年）に対するドーキンスの批判である。

ドーキンスが叩いたのは、二〇〇〇年にダイソンがテンプルトン賞を受賞した際のスピーチだ。詳しくは後述するが、この賞は宗教界のノーベル賞と呼ばれ、宗教の発展や宗教と異分野の交流に功績のあった人物に贈られる。その受賞スピーチで、ダイソンは「三位一体の教義や福音書の歴史的真実にあまりこだわらない、大勢のキリスト教の一人であることに満足している」と語った。要するに、神やイエスの実在はまるで信じておらず、名ばかりのキリスト教徒だと開き直ったのだ。ドーキンスから見れば欺瞞である。「信仰には価値があるという信仰」そのものだ。神を信じる証拠があるなら、ダイソンは科学者としてそれを示すべきである。それもせずに、世界一有名な物理学者が宗教に媚びて太鼓判を押してしまったのである。

しかし、マクグラスにすれば、ドーキンスの批判こそが無神論原理主義である。

なぜ、真の科学者は信仰を持てず、信仰を持っているなら真の科学者ではないと決めつけるのか。実際には多くの科学者が信仰を持ち、宗教の存在意義を語っている。ドーキンスが言う通り、科学と宗教の間には緊張があるが、両者の協働で現実に対する新たな見方が得られるかもしれない。なぜ対話の道を潰すのか。マクグラスが許せなかったのは、分け隔てなく科学の面白さを伝えてきたドーキンスが、科学と宗教の対話を打ち切ってしまったことなのである。

幻のオックスフォード・ダービー

マクグラスとドーキンスが一時間以上にわたって話す映像がある。

ドーキンスがMCと主演を務めた長編ドキュメンタリー『諸悪の根源?』のために撮られたものだ。二〇〇六年一月にテレビ放送され、同年九月出版の『神は妄想である』と関わる映像も収められている。ドーキンスはエルサレムや奇跡の泉で知られる南仏ルルドを旅し、アメリカでは創造論者の教会も訪れ、様々な信仰者の話を聞く。そしてイギリスの宗教指導者たちにも出演依頼したが、皆に断られた。そんな中、唯一引き受けたのがマクグラスだったのだ。

緊張の面持ちで画面に入ってくるマクグラスをドーキンスは「引き受けてくれて、ありがとう」と温かく迎える。手には『ドーキンスの神』を持っており、「宿題をやってるんだ。前にも読んだけど、とても面白かったよ」と微笑む。マクグラスが求めに応じて、無神論者から神学者になった経歴を自己紹介したところで、ドーキンスの最初の質問だ。

今回の番組制作のために各地を回り、「あなたの奇妙な仲間たち」と話をしてきた。「猿が人間を産むのを見たら進化論を信じる」という人や、「姦通者は石打ちの刑で殺されるのが正しい」と考える人たちだ。こんな連中と同じ陣営にいるのは、いったいどんな気分がするのだろうか。

言葉遣いこそ紳士的だが、全否定である。マクグラスのメッセージは一切ドーキンスに届いていなかった。マクグラスは反論する。原理主義者は信仰者の代表ではない、キリスト教信仰は合理的で証拠を重視する、そして無神論のような異なる視点との対話を大切にする。

だがドーキンスも譲らない。私も対話を試みてきたが、あなたたちは、どこかの時点で信仰というカードを切る。あなたは私の信仰の定義が間違っていると批判する。それは分かった。では、キリスト教信仰がいかに理性と証拠に基づいているのか説明してほしい。

マクグラスは「月は地球からどれくらい離れているか」という問いと、「人生の意味とは何か」という問いは質が異なると応じる。後者に完璧に答える説明はなく、無数の説明を証拠に基づいて合理的に吟味する。だが、最終的には証拠だけで判断するのは難しいため、たとえ証明されていなくても、これが最善だと信じる説明を受け入れる。だからキリスト教信仰は理性的だし合理的である。

しかし、ドーキンスにとっては、その最終局面こそが致命的に重要なのだ。

二人の間では合理の意味が根本的に異なる。ドーキンスが狭い意味での「証拠主義的合理性」を求めるのに対し、マクグラスは、世界についての複数ある説明の合理的な受容可能性について話している。[34]ドーキンスにすれば、マクグラスはギリギリまで証拠にこだわっているようでも、最後は証拠を踏み台にして信仰に飛躍している。知的な手品ではないかというのである。

この後も二人は信仰と確率、原罪と贖罪、スターリンやヒトラーなどについて話し続けるが、実はテレビ放送では全てカットされた。理由は推測できる。ドーキンスが劣勢だったからカットされたというような話ではないだろう。優勢劣勢もないくらい、恐ろしくつまらないのだ。

当初、この番組のタイトルは『諸悪の根源』だったが、ドーキンスが嫌がったため、番組側がわずかに譲歩して、最後に「?」が追記された。番組制作者と視聴者が求めているのは原理主義者の異常な信仰をドーキンスが一撃粉砕するシーンである。二大知性による信仰の合理性をめぐる問答ではない。しかも話は嚙み合わず、それぞれが自著にある話を繰り返すばかりで、まるで展開しない。真摯で対話志向の博士がそろい踏みしたことで、奇跡のように退屈な映像が撮れたのだ。

極度乾燥

『神は妄想である』でも、マクグラスはほとんど相手にされない。『ドーキンスの神』にある自分の著作の要約は「驚くほど公正」であるという最低限の評価だけだ。マクグラスが突きつけた唯一の反論らしきものは、「あなたは神の存在を反証できないでしょう」という「否定はできないが恥ずかしいほど弱い論点」しかなかった。[35]そして、ドーキンスは気づくと本の余白に「ティーポット」と書き込んでいたという。

哲学者バートランド・ラッセル（一八七二～一九七〇年）が、自らの無神論の根拠として述べた「宇宙のティーポット」のことである。仮にラッセルが地球と火星の間を楕円軌道で周回するティーポットが存在すると主張したとする。しかも、そのティーポットは極めて小さく、強力な望遠鏡でもとらえられない。そうなると、この宇宙のティーポットが存在しないことは誰にも証明できなくなる。そして、神もティーポットも同じだというのだ。反証できないから存在することにはならないし、証明する責任は主張者にある。スパモンのオリジナル・バージョンである。だからこそ、マクグラスの反論はドーキンスにとって恥ずかしいほど弱かったのだ。

マクグラスとドーキンスのすれ違いの原因の一つは、それぞれの言葉にあるように思われる。

マクグラスは原理主義者ではない。穏健な信仰者の代表であり、世界有数の宗教指導者だ。隙間の神やＩＤ論といった邪道を批判しながら、自然科学の成果を踏まえて現代にふさわしいキリスト教信仰を探究する神学者である。一方、ドーキンスは正真正銘の自然科学者であり、世界一読まれる科学コミュニケーターだ。両者には似ている部分もあるが、話す言葉が違う。

ドーキンスの本には、内容が間違っている文章はあっても、不明瞭な文章は一つもない。よく分からない単語やページごとに意味が揺れるような概念もない。彼の言葉からはニュアンスが削ぎ落とされている。ニュアンスとは言外の意味、言葉そのものには表れない意味である。私たちは誰かが「喉が渇いた」と言えば、「何かが飲みたいのだ」という真意を汲《く》み取る。電話で「ヒッチンズさんはご在宅でしょうか？」と聞くのは、ヒッチンズが在宅かどうかの情報がほしいのではなく、彼と話すことを求めている。こうしたニュアンスのやり取りが日常のコミュニケーションを支える。

しかし、自然科学では、ニュアンスは余分である。あらゆる言葉は明確に定義され、それ以外のことを意味してはならない。生物学者が「ヒトは猿から進化した」と言う時、共通の祖先が生存競争に晒され、進化のアルゴリズムによって徐々にヒトに変化したこと以外の含意はない。下等動物とのつながりは野蛮であるとか、道徳は生得的ではないとか、そういったニュアンスは一切排除される。余計な水分を含まないドライな言葉なのである。

一方の神学は、一面ではニュアンスの学である。神や愛や創造といった言葉には、二〇〇〇年かけて蓄積された重く湿ったニュアンスが含まれる。何百年も前の先賢の言葉に立ち返り、それを尊重しつつも格闘し、新たな意味を重ねるのが神学者の仕事である。学問のスタイルが正反対なのだ。

ドーキンスにとって、「神は存在する」という命題は、神と名づけられた何らかの実体がこの世界で特定の物理的空間を占めること以外は意味しない。それゆえ神はサンタクロースとも入れ替え可能である。マクグラスは神とサンタクロースを一緒にするなと言うが、一緒なのだ。「神は存在する」と「サンタクロースは存在する」は、どちらも目に見えない対象の実在を主張しており、その点では「原子は存在する」とも同じだ。したがって、もし神の存在を証明したいなら、神の大きさとそれが占める空間を具体的に指し示せばよい。肉眼で見えなくても、数学や物理学や実験によって原子の存在は確証されている。それがドーキンスにとっての証拠に基づく信念なのである。

ペル枢機卿との討論で失笑を買ったのも、ドライな言葉が裏目に出たからだ。ドーキンスにとって、ある問いについて論じるなら、まずは、その問いが有効かどうかを吟味すべきである。そして

「ビッグバンは何の目的で起きたのか」という問いは、「嫉妬は何色か？」と同じように無意味な問いなのだ。無も同様である。枢機卿と自分の間で無の概念が揺らいでおり、それぞれ違う意味で同じ言葉を使っている。だから無を定義しようとした。対話を続ける上で、最低限必要な手続きなのである。

しかし、一般の観覧客には、問いの有効性の確認だとか、作業仮説として無を定義するといったやり方はなじまない。ドーキンスは、一般人が抱く「科学が答えられないことにも宗教は答えられる」というイメージを非論理的だと一蹴する。だが、「非論理的かもしれないが、多くの個人は実際のところ、論理を渇望したり」せず、それゆえ「科学を通り越して」宗教に走る。[36] このあたりの機微をドーキンスは見誤ることがある。

そして遥かに高いレベルだが、マクグラスにとってもドーキンスの言葉はドライすぎる。存在とは、単に一定の物理的空間を占めることだけを意味する軽い言葉ではない。ましてや神を一言で定義できるなら神学などいらない。だがドーキンスに言わせれば、だから神学はいらないのだ。信仰者のあらゆる主張を支える神という途方もない前提が定義されていないのは知的怠慢でしかない。その大前提を誰にでも分かるように定義しない限り、対話も相互指導も始まらないのである。

影なき声

確かにドーキンスは変わったのかもしれない。特にシモニー教授職に就任して以来、全身全霊で宗教批判に打ち込むようになり、マクグラスには「真理への情熱的な関心をもった科学者から、証拠を無視する反宗教的伝道者」になってしまったように見えた。[37]

しかし、マクグラスも変わったのではないか。第一言語を科学の言葉から神学の言葉へと切り替えたことでドーキンスの言葉を受けつけなくなった。ドーキンスの言葉はあいかわらず明晰だが、あまりに明晰な分、マクグラスには無礼で冒瀆的に響くようになってしまったのではないか。

二〇一三年、マクグラスはオックスフォード大学の「科学と宗教のためのアンドレアス・イドレオス教授職」に就任する。使命は、宗教と科学の間の相互作用や影響関係についての教育研究だ。どこまでもドーキンスの影がつきまとう。二〇一五年の『ドーキンスの神』第二版では、このポストに就いたからこそ、自分のキャリアの最終段階を前シモニー教授（ドーキンスはすでに退職していた）とのやり取りから始めるのだと宣言している。

現在、オックスフォード大学のウェブサイトでは、マクグラスの専門として「科学と宗教」「新無神論」「リチャード・ドーキンス」「ダーウィニズムと信仰」「信仰の合理性」の五つが挙げられている。[38] リチャード・ドーキンス以外の四つは、全てリチャード・ドーキンスに回収されてしまうようにも見えるが、果たして、マクグラスはドーキンスを専門とする学者なのだろうか。

新無神論旋風が起こる以前、マクグラスは『科学と宗教』（一九九九年）を出版している。「科学と宗教の相関関係を探る」ため、「読者に宗教と自然科学の主要な主題や研究課題を紹介」した学生向けの教科書だ。自然神学や科学哲学の歴史、量子論から宇宙論まで幅広いテーマが手際よく概観される。マクグラスにしか書けない好著である。

当然、進化論も取り上げられ、ドーキンスに一節が割かれる。ドーキンスが神という仮定を排除し、信仰を盲信と定義することが紹介されるが、それへの批評や応答はない。マクグラスは「いずれにせよ言えることは、彼のキリスト教の知識のレベルがあまりに低すぎる」とし、ドーキンスの議論など「……疑問もなしに彼の議論を受け入れるような層に向けられたものにすぎない」と片づける。[39]

マクグラスが模索したのは、宗教離れが進む現代社会でも孤立せずに公共に開かれた神学である。だからこそ、科学を自らの神学の対話の相手に選んだはずだ。そうであるなら未来の神学を担う後進に、キリスト教の知識がない人との対話の仕方を教示すべきだろう。だがマクグラスは、ドーキンスとその支持者は知的に問題があると無視しただけである。それでいて、なぜ議論もせずに無視するような人物の名を自分の専門分野の一つに掲げるのか。

マクグラスは、だいぶ前からドーキンスの言葉を受けつけなくなっていたのではないか。対話するには、ドーキンスの言葉はあまりに乾いている。それにもかかわらずドーキンスの影を追い続け、科学と宗教の行き止まりに流れ着いてしまったように思われる。

4　偉大さの代償は責任

存在するだけで影響を与えるインフルエンサー

本章の冒頭では、アメリカでは三三%の科学者が神への信仰を持っているという数値を示したが、これには続きがある。実は、よりレベルの高い研究系の大学に勤める科学者に限ると、信仰者は二三

%に減少し、六二%が無神論者か不可知論者となる。さらに、極めて高い業績をあげた科学者だけが選出される米国科学アカデミーの会員に限れば、九割以上が無神論者か無宗教者である。[40] 身も蓋もない話だが、優秀な科学者ほど信仰を持たない傾向は一目瞭然なのだ。

新無神論者にとっては嬉しいニュースである。「真の科学者は信仰を持たず、信仰を持つなら真の科学者ではない」という彼らの主張の後ろ盾になるからだ。逆に言えば、科学者が信仰を持っていたり、宗教を擁護したりするパターンは新無神論者には好ましくない。

それでも前近代の人物であれば仕方ない。ヨハネス・ケプラー（一五七一〜一六三〇年）は「神が宇宙創造に際して五種類の幾何図形（正多面体）を用いて六つの惑星の軌道を配列し、それらの運動の法則を決定した」という前提で研究を行い、ニュートンは「司教たちが束になってもかなわないほど聖書に精通していた」という。[41] だが、当時は宗教の世界観があらゆる領域に浸透していた。彼らは科学者ではなく、自然哲学者として、神の創造物である世界を第二の聖書と見なして探究したのだ。

しかし、ダーウィン進化論の登場で、ようやく人類は幼年期を脱するきっかけを得た。世界を宗教の恩恵なしに理解できるようになった。そして科学は宗教から独立し、宗教の縄張りを徐々に狭めてきた。新無神論者の目的は、この動きを一気に加速させ、宗教の縄張りを奪い取って全てを科学で覆い尽くすことである。

したがって、新無神論者が一番始末に困るのが、現代の科学者が強い信仰を持っているパターンである。それも一流の科学者であると余計に手に負えない。前節で見たダイソンが典型である。プリンストン高等研究所の教授で、数学と物理学の両分野でノーベル賞級の仕事を成し遂げたにもかかわらず、神の存在を信じてもいないのに宗教を擁護した。新無神論者にすれば、後ろから撃たれるようなものである。

しかし、ダイソンのような科学者は他に何人もいる。というより、ダイソンよりも遥かに積極的に神と科学を結びつけようとする、いわば二刀流の系譜は近代以降も連綿と続いてきた。例えば若きマクグラスがドーキンス批判の適任者と考えたアーサー・ピーコック（一九二四〜二〇〇六年）である。オックスフォード大学で化学の博士号を取得後、教鞭を取ったバーミンガム大学の神学部で学び直し、『創造と科学の世界』（一九七九年）や『神と科学』（一九九六年）といった著作を残した。

ジョン・ポーキングホーン（一九三〇〜二〇二一年）も忘れてはならない。素粒子研究に貢献したケンブリッジ大学教授であるが、一九七九年、司祭になるため同大を辞職して神学を学び始める。そして英国国教会の司祭となった後にケンブリッジ大学に戻り、クイーンズ・カレッジの学長も務めた。『科学時代の知と信』（一九九八年）では、ドーキンスとデネットを名指しして、彼らの「安っぽい勝利主義」はキリスト教会ではなく、世俗の学問を危険に晒すと批判している。[42]

人は死んだらチリになる

一方、新無神論者の心強い味方もいる。ブラックホールの研究などで知られるスティーブン・ホーキング博士（一九四二〜二〇一八年）はその筆頭だ。学生の頃に難病を発症し、車椅子に乗ってコンピュータの合成音声で話しながら研究や講演を続けたことでも広く知られる。

『ホーキング、宇宙を語る』（一九八八年）は一〇〇〇万部以上を売り上げた。同書の「もし［宇宙や

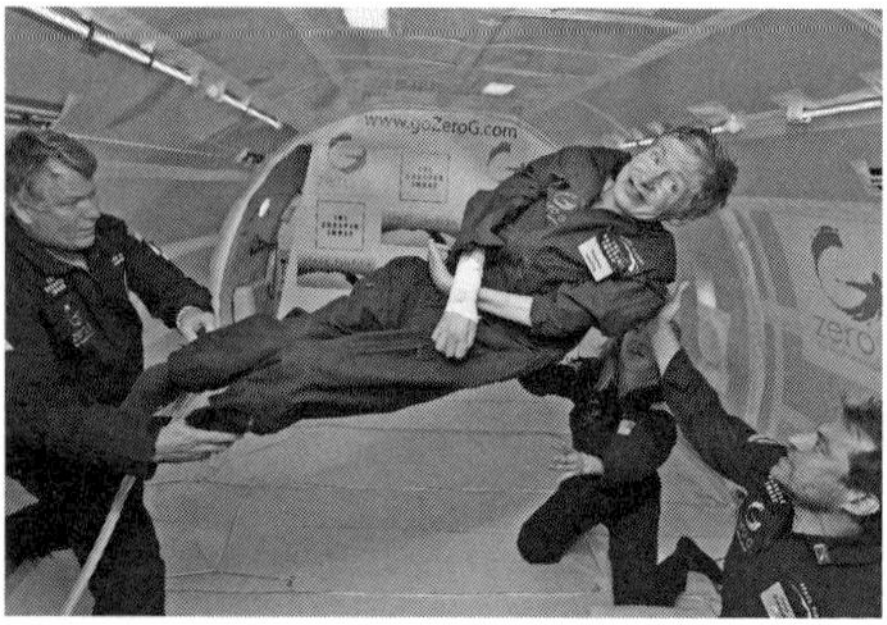

無重力を体験するホーキング博士。2007年。Jim Campbell/Aero-News Network

人間の存在を説明する」その答えが見つかれば、それは人間の理性の究極の勝利となるだろう。その時、私たちは神の心を知ることになるのだから[43]」という一文は特に有名だ。もちろん、この神は比喩である。ホーキングは無神論者だ。人間の死とはコンピュータの電源がオフになるのと同じで、「天国は闇を恐れる人々のためのおとぎ話」だと断言する。遺著でも、無から生じた宇宙は「常にサイコロが転がる巨大カジノ」であり、世界を創る神など存在せず、人間は死んだらチリになると述べている[44]。

また、天文学者で作家のカール・セーガン（一九三四〜九六年）はドーキンスのロールモデルである。地球外生命探査を呼びかけ、科学啓蒙書を書き、オカルトや宗教を批判し、懐疑主義者団体の創設にも関わった。ドーキンスの自伝のタイトル「ささやかな知のロウソク」は、セーガンの遺作『悪霊にさいなまれる世界――「知の闇を照らす灯」としての科学』の副題に倣《なら》ったものだ。無知で覆われた闇の中を、たとえ小さくても科学の光を頼りに進んでゆこうというのである。

ゲノムの達人

新無神論者にすれば、何人もの偉人が信仰を持っていても、神の存在証明にはならない。権威やお告げは何も正当化しないのだ。しかし、世界的に知られる科学者が信仰を告白したり、宗教を称賛したりすれば、現実には大きな影響がある。

そのため、アルベルト・アインシュタイン（一八七九～一九五五年）のような聖人級の科学者ともなると、両陣営で取り合いになる。実態としては、アインシュタインはキリスト教やユダヤ教の特定の神への信仰は持っておらず、宇宙の神秘や美しさを神と表現したようだ。だが、「神はサイコロを振らない」という言葉が知られているように、アインシュタインは宗教的な表現を好んだ。そうした部分だけが切り取られて、アインシュタインは有神論者だったと主張されることもあり、ドーキンスは『神は妄想である』の冒頭でアインシュタインの無神論を熱心に論証している。

しかし、宗教と科学の戦いを左右するインフルエンサーの中には、アインシュタイン以上に言及される人物がいる。両陣営共に目を疑うような人物が信仰を告白し、キリスト教信仰を守るために熱心に活動し始めたのだ。フランシス・コリンズ（一九五〇年～）である。初めて聞く名前かもしれないが、彼の影響は二つの出来事を通して日本にも及んでいる。

アメリカには国立衛生研究所という組織がある。保健衛生学に特化した研究所のような名称だが、そうではない。アメリカ最古の医学研究拠点であり、癌研究所や老化研究所など二七の組織を統括する。年間予算は四〇〇億ドルを超え、世界中の研究機関への助成も行う。同研究所に所属したり、研究助成を受けたりした研究者だけで一〇一個のノーベル賞を受賞している。世界一権威と実績のある研究機関なのである。

そしてコリンズは国立衛生研究所のトップを史上最長の一二年にわたって務めた人物だ。任期は二

ヒトゲノム計画の成功を発表するコリンズ博士。2003年。国立ヒトゲノム研究所　CC BY 2.0

〇〇九年から二〇二一年までで、新型コロナウイルス対策の責任者でもあった。様々な政治的圧力を跳ね除け、コリンズの指揮で迅速に薬の開発が行われ、手洗いやマスク装着の奨励、そしてワクチン接種が世界的に進められた。

だが、コリンズが地球規模の感染症対策の陣頭指揮を取れたのも、過去に超巨大プロジェクトを仕切った経験があるからだ。学術的には、こちらの方が重要だろう。衛生研究所所長になる直前の二〇〇八年まで、コリンズは国立ヒトゲノム研究所所長を務め、各国から一〇〇〇名以上の研究者が参加した国際ヒトゲノム計画を統括していた。ヒトが持つ三〇億以上の塩基対を調べ、全ての遺伝情報を解読する世界的プロジェクトの責任者だったのだ。

ヒトゲノム解読の目処がついた二〇〇〇年六月、当時のビル・クリントン大統領がホワイトハウスで「人類がこれまでに作った最も重要で最も驚異的な地図」を手に入れたことを宣言した。続いてブレア英首相が衛星中継で祝辞を述べた後、壇上に立ったのがコリンズだ。そして、「これまで神だけが知っていた私たち自身の解説書を初めて垣間見たと思うと謙虚になり、畏敬の念を抱く」とスピーチしたのである。[45]

C・S・ルイスの教え

コリンズは人類最大の謎の一つを解明した遺伝学者であり、人類を感染症から救った英雄だ。円満な人柄で誰からも慕われ、だからこそ巨大プロジェクトと世界最大の研究拠点の責任者に任命された。同時代の社会に与えるインパクトは、アインシュタインやホーキングよりも大きい。おまけに元無神論者である。コリンズの信仰告白は、新無神論者にとって悪夢のような出来事なのである。

コリンズの信仰は、「信仰には価値があるという信仰」といったレベルにはないし、アインシュタインのような宇宙の神秘性への信仰でもない。その対象は、人格と意思を有し、人間を見守るキリスト教の神である。

『神は妄想である』と同じ二〇〇六年出版の『神の言語——科学者が提示する信念の証拠』では、ヒトゲノムの解析は科学上の業績であると同時に「神への礼拝の時でもあった」と述べられる。[46]同書は、「厳密な科学者が宇宙の創造主としての神を真剣に信じるなどあり得ないと考える多くの人たち」のために、神を信じるのは「まったく合理的な選択」で、「信仰の原則と科学の原則」が「相互補完の関係」にあることを示すために書かれた。

コリンズが目指すのは中道である。新無神論者は、仲間である科学者が神を信じる事実を「情緒的なナンセンス」として受け入れない。一方、創造科学の父ヘンリー・モリスに代表される原理主義者は聖書を文字通りに受け入れるのが「科学的真理を見極める唯一絶対の方法」だと主張する。この両極端のどちらにも偏ることなく、熟練した科学者が神を信じる道を示そうというのである。

とはいえ、コリンズ自身が神を見出したのは二十代後半と比較的遅い。

子供の頃は教会の合唱団にも通ったが、親から音楽だけを学び、神学を真剣に受け止めてはいけないと言われ、その通りにした。その後も宗教への関心は薄く、イェール大学大学院で物理化学を学ぶ頃には、神を信じるのは知的な自殺であると考えていた。

だが物理学者になるのを諦め、医学部に入り直し、患者と接するようになってから徐々に心変わりが始まる。治療できない狭心症の発作に見舞われた女性に「あなたは何を信じるの？」と問われ、まともに答えられず、恥ずかしくなった。そして最後の一押しをしたのが、C・S・ルイスの『キリスト教の精髄』（一九五二年）である。

C・S・ルイス（一八九八～一九六三年）は、オックスフォード大学の英文学教授であり、『ナルニア国物語』の著者として知られる（ちなみに同僚の一人が『指輪物語』の著者J・R・R・トールキンである）。ルイスは思春期に一度信仰を捨てるが、三十代で再びクリスチャンとなり、その後は一信者の立場から広くキリスト教を伝えた。『キリスト教の精髄』はラジオ講演を書籍化したもので、多くの元無神論者が信仰を取り戻したきっかけとして挙げる。マクグラスにとってもルイスは理想的な信仰者の一人で、評伝だけでなく、ルイスとドーキンスを比較対照させるファンの二次創作のような本も書いている。

コリンズがルイスに学んだのは、人間の本性としての利他と道徳である。ドーキンスは、利他など幻想だと言う。だがコリンズにすれば、現実には見返りがなくとも他人に尽くすし、自分が正しくふるまったことに温かい満足感を抱く。そしてマザー・テレサのような人物は無私の利他を誰よりも体現していた。道徳は文化的な構築物ではなく、人間の内側から命令する神によるものだとルイスに教えられ、神を信じるのは合理的だと確信したのである。

普通だが普通でない

はっきり言えば、コリンズの話に目新しさはない。

若き医師が難病患者との出会いを経て信仰に目覚める話も、本人には唯一無二の出来事なのは間違いないが、珍しくないタイプの回心譚である。そして、創造論にも無神論にも偏らない中道を目指す姿勢は穏健な信仰者そのものだ。神は自然の外にいるから科学では接近できず、したがって科学と宗教は矛盾しないという主張も実に普通である。

しかし、普通の内容でもコリンズが発言することで重みが加わる。彼自身は全く普通ではないのだ。今世紀を代表する遺伝学者であり、巨大組織のマネジメントに長け、人望もある。温和で朴訥《ぼくとつ》な口調は説得力を倍増させる。コリンズについて注目すべきは組織的・社会的な影響力である。彼の発言は、それが個人的な見解でも、背後にある巨大組織の権威が醸《かも》し出すオーラに包まれる。

しかも、コリンズ本人がキリスト教擁護のための組織活動を始めた。ベストセラーとなった『神の言語』の反響に答えるため、二〇〇七年にバイオロゴス財団を設立したのだ。バイオロゴスはコリンズの造語で、生命《バイオ》とヨハネによる福音書の冒頭「初めに言《ことば》があった。言は神と共にあった」の言葉《ロゴス》をつなげたものだ。コリンズは信仰と科学を調和させ、両者を相互補完的にとらえる立場そのものをバイオロゴスと呼ぶ。そして、創造論者には聖書無謬説が誤りであることを伝え、科学と信仰の融合を説く講演会や学校教師のための勉強会を各地で開催している。

バイオロゴスの考え方は折衷案であり、無神論者からも創造論者からも非難される。財団の活動もどちらかと言えば地味なものだ。しかし、それらをコリンズが主導することで、桁違いの信頼性と影響力が生まれる。

そして、バイオロゴス財団設立から二年後、前述の通り、コリンズは当時のバラク・オバマ大統領から国立衛生研究所の次期所長に指名される。世界最高の研究拠点の長となるわけだが、これに対して四騎士の一人サム・ハリスが噛みつく。ニューヨークタイムズ紙への寄稿で反コリンズの論陣を張ったのだ。[47]しかし、これが全く上手くいっていない。

コリンズは若い地球説信者でもID論者でもないが、キリスト教信仰を持っているのが問題だとハリスは非難する。なぜなら、コリンズは道徳など人間性の一部は科学では解明できないと信じている。それが批判の理由だ。ハリスは善悪の判断をはじめとする道徳も自らの専門分野である神経科学によって解明できると主張しており、その点がコリンズのバイオロゴスと食い違うことは分かる。

しかし、コリンズが国立衛生研究所所長になることで、そうした人間性の科学的研究が妨害されるわけでもないだろう。何しろコリンズはヒトゲノムを全て解読した遺伝学者である。神と同等に科学を絶対的に信じているのだ。科学的アプローチが可能であるのに、それを差し止めるようなタイプの信仰者ではないのである。

ワトソン博士の失墜

この寄稿の結果、むしろハリスの方が炎上し、二週間も経たないうちにハリスは改めてコリンズ批判を行う。[48] 今回ハリスが持ち出したのは、ヒトゲノム計画のコリンズの前任者だ。DNAが二重らせん構造であることを発見したジェームズ・ワトソン（一九二八年〜）である。世紀の大発見でノーベル賞を受賞したワトソンは、ヒトゲノム計画の最初の責任者として計画の立ち上げに貢献し、その後も要職にあった。だが二〇〇七年、全てを失う。「黒人の知能は遺伝的に劣っている」という主旨の発言をしたのである。これをきっかけにワトソンはノーベル賞のメダルを競売にかけるところまで落ちぶれる。

ハリスによれば、ワトソンの人種差別発言は不愉快だが、科学的である。何万年も地理的に隔離された人種間に知能に関する遺伝的差異が生じる可能性はある。それをワトソンのような言い方をするのは不愉快だが、あくまで科学的推論だというのだ。他方、コリンズはイエスの処女降誕や復活を信じているが、それらに科学的な妥当性は一切ない。だからコリンズは危険だというのである。

才気走ったハリスらしい物言いだが、あまりに筋が悪い。名望を集めるコリンズに対し、ワトソンは以前から騒ぎを起こしてきた人物である。ハリスの批判は全くの逆効果でしかなく、新無神論者の攻撃性とコリンズの健全性を改めて印象づけただけであった。

他の四騎士もコリンズには手を焼いている。前章では、二〇〇六年のタイム誌の表紙がドーキンスの名で飾られたことを紹介したが、その時、ライバルとして記載されたのがコリンズだった。特集記事として二人の討論が収められているが、コリンズは、神は自然の外、時空の外におり、信仰と科学は矛盾しないという立場だ。[49] 自然の法則とは別に超自然の法則があると確信しているのだから、納得させようがない。

ヒッチンズにいたっては、二〇〇七年、ジョージタウン大学で開催されたマクグラスとの討論会で、フロアにいたコリンズを罵倒している。聴衆からの質問を受け付けることになり、コリンズが「道徳が進化の副産物であるなら、善悪は客観的ではなく幻想なのか？」と質問したのだ。これに対してヒッチンズは、「世界で最も偉大な科学者の一人が、こうした浅く愚かな質問をすることにショックを受けた」と返し、馬鹿と言い放ったのである。

テンプルトン騎士団

四騎士がコリンズを牽制するのには理由がある。インフルエンサーのコリンズがバイオロゴスを説くことで、より不健全な宗教と科学の融合論を活性化させるのだ。その典型が前述のテンプルトン財団である。

設立者のジョン・テンプルトン（一九一二〜二〇〇八年）は、二〇世紀最大の投資家とも言われる大富豪だ。戦後日本の経済成長を早くから予測し、当時は見向きもされなかった日本株にも一九五〇年代から目をつけるなどして巨万の富を築き上げた。[50] そして、莫大な資金を注ぎ込んで一九八七年にテンプルトン財団を設立した。

財団の使命は「人々に畏敬の念と驚きを与えるような研究への資金提供と対話の促進」である。[51] 要するに、宗教を科学的に支持する研究の助成だ。「目的の科学」というスローガンの下、進化に目標があることを示したり、多宇宙論を否定（つまりは宇宙の創造者を肯定）したりする研究を奨励する。援助の規模も桁違いだ。五〇ヵ国以上の研究機関や研究者グループに、平均で一三〇万ドルを超える資金を提供している。

バイオロゴス財団もテンプルトン財団の資金提供で各種のプログラムを充実させ、マクグラスもアンドレアス・イドレオス教授職への就任時、教育研究の立ち上げのために助成を受けている。そうした資金提供があからさまに研究内容を歪めることはないにせよ、巨額の研究費の提供者へはそれなりの忖度があるだろう。というより、助成を受ける研究者は、そもそもテンプルトン財団のビジョンに共感しているはずである。

例えばオックスフォード大学出版局から出版された『科学における無神論の諸相』という研究書がある。筆頭著者のエレーヌ・エクランドは、テンプルトン財団の研究助成を受ける宗教社会学者だ。同書の調査研究にも財団の資金が使われ、一二〇〇人以上の科学者へのアンケートと八〇人を超える科学者への詳細なインタビューを通じ、科学者の信仰に光があてられる。そして、科学者たちによる新無神論者批判とバイオロゴスの活動が紹介され、新無神論者のせいで科学者の信仰が誤解されているが、実際には、かなりの科学者が宗教的だという実にテンプルトン的な結論が導かれる。

しかし、エクランドたちは、科学者が宇宙や自然に対して抱く畏怖や驚異の念も宗教的感情にカウントする。要するにアインシュタインも信仰者として数え、「スピリチュアルな無神論者の科学者」という類型を示すのだ。[52] しかし、この概念にどれほど意味があるのだろうか。他ならぬドーキンスが自然への畏怖と敬意を率直に語り続けているのである。

またウェールズ大学の宗教体験研究センターは、テンプルトン財団からの資金提供を受けて、中国で大規模な宗教調査を実施した。[53] それによれば、自らを宗教的だとする中国人は九％にも満たないが、半数以上が何らかの超越的な力を信じている。そして、無神論者だと回答した四割が「宗教は民衆の阿片である」ことを否定し、三割が「宗教には深い真実がある」と考えている。こうして共産圏ですら宗教が力を持つことが仄《ほの》めかされる。だが、この調査によれば、無神論者の半数近くが「宗教はイカサマだ」とし、「宗教には深い真実がある」についても肯定する人より否定する人の方が多い。データの読み方に多少の工夫を凝らせば、スポンサーに合わせた結論を導けるのである。

さらに宗教専門のジャーナリストのアンドリュー・ブラウン（一九五五年〜）には、邦訳もされた『ダーウィン・ウォーズ』という著作がある。進化論争を主に信仰の観点から取り上げたものだが、明らかに宗教擁護に傾いている。

ブラウンによれば、例えばカトリック教会の中絶禁止も合理的である。なぜなら「神は存在する」という前提は非合理でも、その後の議論は教会内で「厳密に熟考された」からだ。[54] カトリック教会の幹部にはペル枢機卿のような高学歴者が多く、彼らの議論が学術的な性格を有するのは確かである。だが議論の形がいくら合理的でも、その結論は「全能の神が全生命を司る」という信仰と矛盾するはずがない。これが合理だと言うなら、ブラウンが批判するＩＤ論も十分に合理的である。

ブラウンは一九九四年にテンプルトン財団のヨーロッパ宗教作家賞を受賞している。二〇〇八年にジョン・テンプルトンが死去した際にはネイチャー誌に追悼記事を寄稿し、テンプルトンは真の博愛主義者で高貴であったと激賞している。[55] ダニエル・デネットが『ダーウィン・ウォーズ』を評した「なんたる低俗な屑《くず》ジャーナリズム」という言葉は実に真っ当な評価である。

世界最大の賞の傾向と対策

そして、財団の目玉はなんと言ってもテンプルトン賞だ。財団自体よりも長い歴史を誇り、一九七三年以来、毎年、宗教分野に貢献のあった人物に贈られてきた。賞金は常にノーベル賞を上回るように設定される。世界最高額の年間個人賞であるが、面白いのは受賞者の傾向の変化である。

初期の受賞者の多くは純粋な宗教者で、第一回はマザー・テレサである。日本人では立正佼成会の開祖・庭野日敬《にっきょう》が一九七九年に受賞した。だが一九八五年、海洋生物学者アリスター・ハーディ（一八九六〜一九八五年）が科学者初の受賞者に選ばれる。ハーディは、ドーキンスと同じオンドル校の卒業生で、オックスフォード大学で教育研究に従事した先輩にあたるが、一九六九年、前述の宗教体験研究センターを設立した（同センターはオックスフォード大学で設立され、後にウェールズ大学に移管された）。

そしてハーディの受賞以降、徐々に宗教を擁護し、信仰を語る科学者が目立つようになる。ピーコック（二〇〇一年）とポーキングホーン（二〇〇二年）は二年続けての受賞である。他にもフランシスコ・アヤラ（元カトリック司祭の進化生物学者、二〇一〇年）、マーティン・リース（天文学者、二〇一一年）などがいる。いずれも各分野の大物科学者で、チャールズ・ハード・タウンズ（物理学者、二〇〇五年）やフランク・ウィルチェック（物理学者、二〇二二年）のようなノーベル賞受賞者も含まれている。科学の影響力と信頼性が高まる中、宗教者が信仰を語るより、科学者が信仰を語る方が効果的な宗教擁護になると気づいたのだろう。

そして、二〇二〇年の受賞者がコリンズである。国立衛生研究所の現役の所長であり、新型コロナ対策のリーダーである。オバマ元大統領もブッシュ元大統領も祝辞を寄せた。授賞式は人を入れずにオンライン中継されたが、会場は米国科学アカデミーの建物だった。九割以上が無神論者・無宗教者の超一流科学者の殿堂である。バイオロゴスという名前とは対照的に、コリンズは言葉ではなく、行動と存在によって信仰の必要性を世界に示したのである。

5　原点回帰

有るのは神か宗教か

新無神論者には多くの批判が寄せられる。白人中心主義、男性中心主義、英米中心主義、キリスト教中心主義、ヘイトクライムを煽っている、言葉が汚い、議論が雑、無礼非礼、配慮に欠ける、宗教の知識がないなど、的を射たものから罵倒まで様々である。本書の立場から新無神論者の功罪をまとめておけば次のようになる。

新無神論者は、一方では、宗教に与えられる特権と格別な配慮を可視化し、信仰がもたらす具体的な問題点を列挙し、無神論者であることを魅力的な選択肢に変えた。以前から無神論者はいたし、新無神論者の主張が内容的にそれらと大差ないことは本人たちも認めている。だが、新無神論者の好戦的な言動は、無神論者が現実の選択肢になり得ることを多くの人に気づかせた。

だが同時に、新無神論者の攻撃は信仰者を覚醒させた。ジョンソンからマクグラスまで、多くの論敵たちは、新無神論者が宗教をめぐる重要な問いを喚起したことを認めている。新無神論者のラディカルな宗教批判は、より硬直化した信仰も生み出した。ヒッチンズは、二〇〇七年の時点で、自分たちは知的には勝ち組だが政治的には負け組であると語っているが[56]、まさにその通りの展開だ。新無神論者の宗教批判は敵陣営の合従連衡をもたらし、時には敵対すらしていた原理主義者と穏健な信仰者を一部では結びつけた。

マクグラスとコリンズは穏健な信仰者の代表だ。二人とも世界最高峰の学歴と知性と業績と地位に恵まれた傑出した学者である。彼らは新無神論者の過激な言動を批判し、かといって創造論者に肩入れするわけでもなく、科学と宗教の双方で主流派・正統派であることを自任する。両者とも、聖書無謬説やＩＤ論はもってのほかだと否定する。

しかしである。例えば二人とも、科学の限界を宗教が補完し得ることを主張するために宇宙の微調整を持ち出す。もちろん、穏健な彼らのことであるから、宇宙の微調整が、即、神の存在証明になるとは言わない。より慎重に語る。だが、マクグラスが「これ［宇宙の微調整］は神の存在の『証明』ではないが、創造者なる神の存在とは大層よく一致した、一連の考察のさらなる要素ではある」ともったいぶった言い方をする時、いったい何を示唆したいのか[57]。一連の考察の行き先が神の存在証明以外にあるとは思えない。

コリンズも共著書『神と科学の言葉』で、「宇宙研究者は、他の宇宙の存在について意味ありげに語るが、これらの記述は、他の惑星の記述と同じ意味で事実であるとは考えられない」と多宇宙論を切って捨てる[58]。なぜ、遺伝学者が宇宙論の標準モデルは誤りだと断言するのか。コリンズは自然の外に超自然の世界があると確信している。それに比べれば、たかがこの島宇宙の外に別の島宇宙があるという仮説くらい簡単に認められるはずだ。しかも、多宇宙論は標準的な仮説である。神と全く同じように科学を信頼するのが、バイオロゴスの立場ではないのか。コリンズはドーキンスを素人神学者と揶揄《やゆ》するが、彼もまた素人神学者であり、素人宇宙論者なのである。

　コリンズは、バイオロゴスより「ＩＤ論の方がより神秘的な仮定をしている」と主張する。それは、そうかもしれない。バイオロゴスでは、ダーウィン進化論を完全に受け入れる。だが、自然法則にしたがう進化のプロセスそのものが神のコントロール下にあるという有神進化論の立場である。

　有神進化論もつきつめれば隙間の神である。神が最初の創造以降はどこかへ行ってしまったのか、最初だけ関与して後は見守っているのか、それとも、たまには自然法則を捻じ曲げて介入するのか。他の創造論との違いは、その程度でしかない。近年では、この世界の全てがシミュレーションであり、それを運営しているのが神だとするシミュレーション創造論なる主張もある。[59] その気になれば、隙間など、いくらでも作り出せるのだ。

　どの隙間に神がいるのかは、キリスト教徒にとっては大きな違いかもしれないが、無神論者も含めた非キリスト教徒には大差ない。むしろ、ＩＤ論が表向きには神とは言わず、一応は知的なデザイナーと表現をぼかすのに対し、マクグラスもコリンズも、創造主はキリスト教の神だと断言する。なぜブラフマンでもゼウスでもアマテラスでもなく、ヤハウェであると言い切れるのか。より狭い隙間により高い精度で神をねじ込んでも、創造論者との差別化にはならない。むしろ、洗練された創造論者であることを自白していることになる。

十分に逆説と言える事態だろう。科学と理性を至上とする新無神論者に対し、科学的で理性的な人間が応えようとすればするほど、より強固な信仰に傾かざるを得ないのだ。熟練の科学者ほど宗教を擁護するための手持ちの武器は豊富であり、理知的であるがゆえに後戻り不可能な信仰を語る。

新無神論者は、「宗教はありか、なしか」という問題を「神は有りか、無しか」という問いに集約した。前者は二択に見えるようで、実際には、宗教別に比較検討したり（キリスト教と仏教の生命観の異同）、宗派ごとにありなしを論じたり（ＩＤ論者は駄目だが有神進化論者は認める）、教義の修正を論じたり（若い地球説から古い地球説へ）といった様々な考察と答えを許容する。他方、後者は文字通りの二択で中間がない。その結果、創造論者だけでなく、主流派・正統派の信仰者たちも「神は実在する」という大前提に回帰する。新無神論者の原理的《ファンダメンタル》な問いかけは、相手も根本原理《ファンダメンタルズ》に立ち返らせるのである。

男たちの挽歌

本章を閉じるにあたり、ヒッチンズの最期にふれておきたい。

『神は偉大ではない』の出版の三年後、ヒッチンズは別の本のプロモーションツアー中に緊急搬送される。食道癌だった。「ステージ４に関して特筆すべきはステージ５がないことだ」と本人が言う通り、末期の癌で回復は望めそうになかった。

しかし、ヒッチンズは最先端の実験的な治療を受けることを決める。アドバイスをしたのはコリンズだ。奇妙なことに、ヒッチンズが面罵した後から、二人は次第に友人として付き合うようになっていた。そしてヒッチンズがステージ4の癌だと知ったコリンズは、ゲノム解析を応用した先端医療を提案した。

二人は時に夕日が沈むのを一緒に眺め、ワインを飲みながら、医学だけでなく、政治や文学について意見を交わした。コリンズがヒッチンズのピアノを演奏することもあった。こうしてヒッチンズは、全ての遺伝子が解析された数少ない人類の一人となる。そして、マッピングされた全遺伝子の中で傷ついた遺伝子だけをターゲットにする治療が試みられた。

末期癌と分かってから数ヵ月後、ヒッチンズは古巣のヴァニティ・フェア誌に「答えられない祈りたち」という文章を寄稿している。[60] 不治の病でも自分は絶対に祈らないし、誰かが自分のために祈ることも必要としていない。しかし、もっと馬鹿馬鹿しいのは、敵対者たちが自分が苦しんで死ぬように祈っていることだ。彼らは、「現存する最も偉大なアメリカ人の一人」であり、「この上なく無私のキリスト教徒の医師」であるコリンズの努力が失敗することを望んでいる。つくづく信仰はくだらないというのである。

しかし、奇跡は起きない。二〇一一年一二月、ヒッチンズはこの世を去る。

四ヵ月後の追悼式では、俳優のショーン・ペンや作家のサルマン・ラシュディがスピーチする中、コリンズは亡き友のために作曲した「ヒッチンズ・ソナタ」をピアノで演奏した。

それからさらに八年後、コロナ禍の真っ只中の二〇二〇年九月、コリンズはテンプルトン賞の授賞式にいた。そしてオンライン中継された会場で「調和を讃えて」という題のスピーチを行う。[61]

コリンズが語ったのは、科学と宗教をはじめとする様々な不調和への懸念である。コロナ禍の現在、マスクをつけてワクチンを打つといった単純なことですら合意に達せない。他にも気候変動や人種差別など不調和がいたるところにある。こうした対立を乗り越えるには、客観的な事実を大切にし、孤独や不安定を招く精神的な不毛に対処し、他者を慈しむ愛を育まなければならない。そのためにも、愛と正義と思いやりを体現するリーダーを選ばなくてはならない（名前は出していないが、当時のドナルド・トランプ大統領への批判だろう）。

コリンズらしいストレートで普通のメッセージだが、彼がスピーチの最後に語り始めたのはヒッチンズとの思い出だ。第一回受賞者のマザー・テレサを詐欺師の狂信者と呼んだ男である。テンプルトン賞に最もふさわしくない名前である。

コリンズは、ヒッチンズに会えなくなって寂しいという。あの世のヒッチンズは、人間の精神がただの原子や分子以上のものかどうかの答えを知っている。できれば、その答えに驚いていてほしい。そして、いつかまたそれについて話をしたい。ヒッチンズとの「奇妙な友情」は、自分と異なる意見を持つ人々との溝を埋める努力の大切さを教えてくれた。

何度も話し合ったが、ヒッチンズの無神論もコリンズの信仰も揺るがなかった。そして最後に勝ったのは癌だった。数年ではあったが、真っ向から対立する信念をそれぞれが貫いた上で、互いを尊敬し強く結ばれることが稀に存在するのである。

終章 宗教と科学の次の百年

かけがえのない文化的遺産との絆を失うことなしに、
神への信仰を放棄することはできるのだ。
——リチャード・ドーキンス

1　ものすごく近いけど、うるさいしあり得ない

最強の二人

創造論者と無神論者の戦いは、当初は学校教育など公共領域の攻防が主だったが、新無神論者の登場をきっかけに、宗教全般と科学の関係性を問う争いに変化してきた。穏健な信仰と異常な信仰の違いなどより、そもそも宗教と科学は両立するのか排他的なのか、あるいは、いずれでもない別の関係にあるのかという根源的な問題に改めて帰着したのである。

本章では、最後にこの点について考えたいのだが、進化論と宗教という話題に明るい方であれば、ここまで言及していないビッグネームが一人いることにお気づきだろう。

スティーブン・ジェイ・グールド（一九四一～二〇〇二年）である。ハーバード大学の古生物学教授で進化論が専門であるが、それは多才な彼の一面でしかない。博覧強記を絵に描いたような人物で、ヤンキース・ファンの野球マニアであり、多くのエッセイを残した。リチャード・ドーキンスと同じかそれ以上の人気作家であり、日本にも多くのグールド・ファンがいるはずだ。

グールドも信仰を持たない不可知論者である。実は、第4章で紹介したマクリーン対アーカンソー州裁判（一四二頁）にも進化論の専門家として出廷し、創造科学は科学ではなく言葉のレトリックにすぎないと証言している。そしてドーキンスに創造論者との論争を避けるように助言したのもグールドだ。ドーキンスの『悪魔に仕える牧師』は第5章が丸々グールドに割かれ、両者の見解の相違が示

されるが、最後には二人の間のメールが掲載されている。グールドの死の直前、「創造論者の挑発は無視すべし」と科学者に呼びかける声明を二人の連名で出すアイディアについてやり取りしたものだ。

このように対創造論者戦では、グールドとドーキンスは間違いなく同じ陣営にいるが、二人の関係は複雑かつ微妙で、そこだけに光をあてた著作がいくつもある。二人の対立が際立ったのは、進化論をめぐる大論争である。ごくごく簡潔に言えば、グールドは進化論の適応万能論を批判した。何もかも自然淘汰で説明すると、実際の生物進化に影響した様々な偶然を見落としてしまうというのだ。

マクリーン対アーカンソー州裁判でグールドが出したのは林檎の例だ。林檎は重力という自然法則にしたがって木から落ちるが、その普遍的な法則だけでは、林檎の過去や未来について説明できない。例えば今年、アーカンソー州で嵐のせいで二〇〇万個の林檎が木から落ちたとする。では、毎年二〇〇万個の林檎が落ちると考えてよいのか。仮にそうだとすれば、林檎はとっくに絶滅している。

こうした嵐のような偶然の要因が進化の過程には無数にあり、自然淘汰という普遍的な法則だけに注目すべきではないとグールドは主張した。これに対してドーキンスが、偶然も含めた様々な要因をとらえるためにも、まずは適応という普遍的な法則に注目するのが重要であると反論し、一応の勝利を飾ったのである（詳しくは進化論争の思想的インパクトを論じた吉川浩満氏の名著『理不尽な進化』をご参照頂きたい）。

ただし、二人はあくまで進化論の解釈の違いで対立したにすぎない。創造論者はグールドが進化論を否定したかのように紹介することがあるが、意図的な嘘である。グールドは「生物の多様性」に魅力を感じていたのに対し、ドーキンスは「生物を貫く普遍的原理」に関心があるだけで、二人は世界を代表する進化論者である。[1]

グールドとドーキンスは年齢も半年しか違わず、永遠のライバルという表現がぴったりの関係だ。対創造論者戦では間違いなく同盟者である。しかし、宗教と科学の関係性となると、やはり根本的に意見が合わない。

グールドのＮＯＭＡ概念

一九九九年、グールドは『神と科学は共存できるか？』を出版し、科学と宗教のあるべき関係を論じた。同書でグールドが示すのが、重複しない教導権《Non-Overlapping Magisteria》（ＮＯＭＡと略される）という概念だ。教導権《マジステリウム》とは聞きなれない言葉だが、文字通り、教え導く権限のことである。ＮＯＭＡは、科学と宗教にはそれぞれ固有の縄張りがあり、両者は重ならないし、重なるべきではないという考え方だ。そして科学の縄張りは「宇宙はどのようなものからできていて（事実）、なぜこのようになっているのか（理論）」であり、宗教の縄張りは「究極的な意味と道徳的な価値の問題の上に広がっている」とされる。[2]

グールドによれば、そもそも科学と宗教の対立など偽りの神話である。科学を職業にするからといって宗教を否定する必要はない。何よりチャールズ・ダーウィン自身がＮＯＭＡの体現者であった。

一八五一年、ダーウィンは溺愛していた長女アニーを病で喪《うしな》う。グールドの推測では、この時からダーウィンは神を強く疑うようになったが、それでも宗教を敵視せず、人生を冷笑しなかった。なぜなら「普遍的な解答をともなう事実」についての科学の教導権と、「それぞれの個人が自分のために解決せねばならない道徳上の問題」についての宗教の教導権を切り分けていたからである。

スコープス裁判でウィリアム・ジェニングス・ブライアンが晩節を汚したのも、進化論を誤解したからだとグールドは論じる。自然淘汰は特定の環境下での生存繁殖を論じた理論である。だが、それをブライアンは弱肉強食という「勝者の原理」と曲解した。事実に関する理論は倫理道徳を示すどころか暗示もできないというNOMAの原理に気づいていなかったというのである。[3]

このように、NOMAは科学と宗教の双方に配慮した中庸の考え方であり、無益な争いを抑えるための有効策に思われる。グールドは、NOMAについて、科学と宗教が「たがいに敬意をもって、また相互の啓発の価値について楽観的な見通しをもちつつ、両者間の対話をつづけよと命ずる」[4]とも述べており、ドーキンスの相互指導に共鳴するアイディアにも見える。

しかし、案の定というべきか、ドーキンスはNOMAを完全否定する。

前章で見たように、究極的な意味や道徳に関わる問いの存在をドーキンスは認めない。「何の目的で人間は存在するのか」という問いは、どうやっても答えが出ない間違った問いだ。また、仮に究極的で深遠な問いがあり、科学がそれに答えられないとしても、なぜ宗教が答えられるのか。神学は学問ではないと切って捨てるドーキンスにとって、宗教に固有の縄張りを割り当てることがそもそも見当違いなのである。[5]

昨日の敵は今日も敵

さらにＮＯＭＡは、創造論者との戦いにも悪影響を及ぼす。ドーキンスが例に挙げるのは国立科学教育センターの戦略だ。

同センターについては第４章でふれた。一九八二年の設立以来、学校教育の防衛で重要な役割を果たしてきた。パンダ裁判では原告団を取りまとめ、ＩＤ論批判のための資料や証人を提供した組織である。特に初代センター長のユージニー・Ｃ・スコット（一九四五年〜）の活躍は目覚ましい。彼女の著書『聖書と科学のカルチャー・ウォー』は必読文献であり、本書でも参照している。

ドーキンスが批判するのは、創造論者に対抗するため、国立科学教育センターが穏健な信仰者と妥協することだ。同センターの見解では、重力やプレートテクトニクスに関する理論と同様、進化論は「神の存在や非存在」については何も語らない。それゆえ、有神論とも無神論とも不可知論とも矛盾しないし、進化論を受け入れつつ「進化を通じて神が働いている」と信じることも可能である。そして実際、「多くの信仰者はそうしている」という。つまり、敵は若い地球説やＩＤ論を信じる異常な信仰者であって、大多数の穏健な信仰者は問題ないというのである。[6]

創造論者との戦いの現場から引き出された現実的なスタンスにも見えるが、この見解は、確かに大きな問題を二つ抱えている。

まず本書でも見てきた通り、敵を創造論者に絞っても、戦いは終わらない。国立科学教育センターのウェブサイトには、現在彼らが注視している出来事が列挙されているが、創造論者の攻撃は全く収まっていない。以下は、いずれも二〇二三年に入ってからの動きである。

ミネソタ州では批判的思考力を養うために、病気や死と創造主の関係を学ぶことを義務づける法案が準備されている。そしてユタ州では、教育機関の中立性を守るためとして、社会的な論争を招く話題を授業で扱うことを禁止する法案が検討されている。進化論は、科学的には論争はないが、社会的には論争となるので、カリキュラムから除外されるのだ。またモンタナ州では、科学的事実以外は教えてはならないとする法案が提出された。ただし、ここで言う科学的事実とは観察可能で再現可能なものに限られる。要するに、進化論は教えてはならないのである。

どれについても恐らく立法化は防がれるだろうが、いずれにせよ創造論者はあいもかわらず学校教育に狙いを定めているのだ。個別撃破を続けても、次々と無益な戦いが起きるのは本書で見てきた通りである。

そして二つ目の問題の方がより深刻だ。

国立科学教育センターの戦略では、彼らが敵と味方を選《え》り分けることになる。同センターは、有神進化論者とは必要に応じて手を組み、若い地球説信者やＩＤ論者に対抗する。だが、新無神論者の同盟者である生物学者ジェリー・コインが言うように、これでは科学陣営が「正しい宗教」と「正しくない宗教」の選別を行うことになる。[7]そうした選別は科学者の仕事ではないし、仮にＮＯＭＡに依拠するというなら、最も忌《い》むべきＮＯＭＡの侵犯なのである。

混ぜるな危険

逆に、宗教陣営はＮＯＭＡをどのようにとらえているのか。これも否定的である。科学の教導権しか認めないドーキンスは間違っていると断った上で、ＮＯＭＡの代替案を示すのがアリスター・マクグラスである。

科学的神学を主張するマクグラスにとって、当然、科学と宗教は分離独立するのでなく、「その対象と方法が相互に浸透し合うために、相互交流する可能性」を持たなければならない。[8] マクグラスは、相互浸透・相互交流のモデルとしてフランシス・コリンズのバイオロゴスを挙げ、科学と信仰の相互補完という立場を強く支持する。そしてＮＯＭＡではなくＰＯＭＡ、つまり部分的に重複する教導権《Partially Overlapping Magisteria》なる代替案を提示する。

しかし、マクグラスはＮＯＭＡを誤解している。

ＮＯＭＡにおいて死活的に重要なのは、教導権が絶対にバッティングしないことだ。完全なる不可侵条約である。科学と宗教は、いわば長さと温度のように全く異なる次元にあり、両者に共通基盤が皆無であることが前提となる。科学と宗教は同じ話題について話し合ってはならないのである。

科学と宗教がわずかでも重複した時点でＮＯＭＡは何の意味もなくなるし、その重複部にあるのは「なぜ人間は存在するのか」「道徳はどこからやってくるのか」といった終わらない論争を誘発する問いである。軽微な修正に見えるＰＯＭＡは、実のところＮＯＭＡを台無しにする代替案なのである。

とはいえ、こうした誤解の責任はマクグラスだけにあるわけではない。グールド自身が、ＮＯＭＡが具体的にどのように実現されるのかを十分に示せていないのだ。

グールドによれば、地球の年齢は六〇〇〇年だと主張したり、信仰治療を信じたりするのはＮＯＭＡの侵害だ。宗教は科学的事実を全面的に受け入れなければならない。そうなると、マクグラスが考えたように、ＮＯＭＡに最も近いのはバイオロゴスのような立場に思われるが、当のグールドが、科学と宗教の融合路線を混合主義と呼んで徹底批判し、その例としてテンプルトン財団を挙げているのだ。

グールドがＮＯＭＡについて執筆していた一九九八年当時、テンプルトン財団が一四〇万ドルを費やして「科学と霊的な探究」に関する会議を開催した。アーサー・ピーコックなどを集めて、神でもあり人間でもあるイエスは波であると同時に粒子としてふるまう光に似ているだとか、宇宙の微調整は創造主の存在を示唆するといった話をメディアに宣伝したのである。

これらの話には、当然「人間は善き必然的な理由のために生まれた」という前提がある。要するに、話の出発点は「世界を創った神によって根源的な目的や意味が与えられている」という信仰だ。しかし、グールドはそれを「馬鹿げていて、傲慢で、まったく支持されない」と、まるでドーキンスのような口調で言下に否定する。[9] バイオロゴスやテンプルトン的な科学と宗教の融合はただのなし崩しであり、健全な関係ではないというのである。

結局のところ、ＮＯＭＡが機能するには、科学と宗教の縄張りが完全確定され、それについて双方から一切異議がないことが前提条件となる。つまり、ＮＯＭＡに至る前段階でＮＯＭＡが達成されていることが必要であり、そのためには宗教が主権を放棄するような形での科学への迎合が求められる。土台、無理な話なのである。

2　誰が淘汰されるのか

五つのモデル

ＮＯＭＡも絶望的だとすれば、科学と宗教の関係にはどのような可能性が残されているのか。

この問題の最終的な解決案が示される日はなかなか来ないと思われるが、例えばテンプルトン賞受賞者の物理学者イアン・Ｇ・バーバー（一九二三〜二〇一三年）が対立、独立、対話、統合という四つのモデルを示したように、敵、仲間、赤の他人といったあたりに落ち着かせるしかないだろう。[10] 以下では、両者の関係を五つのモデルに整理し、現実的な落とし所を探ってみたい。

まず、新無神論者の立場は①闘争排他モデルである。科学の教導権しか認めず、科学と宗教は敵対関係にある。そして、この反対が②調和融合モデルである。科学と宗教を互いに高め合える仲間とするものだ。再三取り上げたバイオロゴスだけでなく、西洋的理性と東洋的叡智《えいち》の融合を謳《うた》うニューサイエンスのようなものも含めてよいだろう。

一方、ＮＯＭＡから対話や相互啓発の可能性を抜き取ったのが③分離独立モデルである。科学と宗教は赤の他人であり、できるだけ関与しないようにする。国立科学教育センターの戦略だ。ただし、同センターが教育カリキュラムなどで創造論者に妥協しないように、このモデルは、疑似科学や信仰治療による問題が生じた場合、あるいは人工妊娠中絶や同性愛に関して議論が起きた場合には、①闘争排他モデルに移行する。その意味では、①の平常モードとも言える。

以上の①〜③は、それぞれ敵、仲間、赤の他人に相当し、誰がやっても同じような形になるはずだ。これに対して本書では、外交関係や主従関係と言える以下の二つのモデルを追加してみたい。

まず④境界変動モデルは、科学と宗教の教導権を必要に応じて確認・交渉するものだ。積極的な隙間の神である。マクグラスが科学的神学を構想するのも、現代社会で信仰に意味を持たせるには、科学との整合性や一貫性が不可欠だからだ（逆に、科学が宗教の知見を取り入れて劇的に発展するようなケースは考えにくい）。基本的には科学に合わせて宗教が自らの教導権の範囲を調整する。また、このモデルでは、人生の意味や宇宙が誕生した目的といった部分での根本的な対立は解消されないが、見方を変えれば、生命や宇宙の始まりといった起源の問題を避ければ深刻な対立には至らないのである。[11]

そして⑤流用モデルは、科学と宗教のどちらか一方に軸足を置きつつ、必要があれば他方を借用・動員するものだ。日常的には宗教と関わりがなくとも、結婚式や葬式といった機会には宗教を文化として利用する関係性である。神学は聞き流し、合唱のために教会に通っていた幼少期のコリンズもその一例だ。信仰はなくとも、文化的な道具として宗教を活用する。宗教に軸足を置いて科学を利用する逆パターンの詳述は不要だろう。若い地球説信者でも飛行機に乗るしネットも使うはずだ。

こうしたモデル化につきものの釈明をしておけば、これらの背景として、何らかの形で政教分離が達成された近代社会が念頭に置かれる。宗教警察が無神論者を取り締まるような祭政一致の社会や科学の発達普及が不十分な社会では、どのモデルも成立しそうにない。②調和融合モデルにしても、科学と宗教が未分化なまま一体となっているのではなく、あくまで一度分離があった後での再融合の試みである。

くつがえらない劣勢

さて、それでは今後の先進社会において、科学と宗教の関係はどのような方向に進んでゆくのだろうか。ここで改めて確認したいのが科学の絶対的な優位性だ。グールドは否定するだろうが、NOMAですら本質的に科学優位の発想である。事実を扱う科学と意味・価値を扱う宗教という区別は一見フェアな割り当てに見えるが、両者の教導権の範囲と影響力には格段の差がある。

というのも、事実についての科学の主張は公的で普遍的である。新無神論者が言うように、「アメリカ人の生物学」や「ヒンドゥー教徒の物理学」は存在しない。科学的事実は、どこの誰にとっても真である。たとえ人間が発見していなくとも進化のアルゴリズムは粛々と働き続けてきたし、DNAの二重らせん構造は発見者が落ちぶれてもなお真実である。一方、宗教の縄張りである意味や価値は、個人・社会・時代によって変わる相対的なものだ。そしてグールドも論じる通り、意味や価値の教導権は哲学や文学といった他分野にも割り当てられる。

そして、科学の教導権は拡大し続ける。定説がくつがえされるのは後退ではなく、次なる前進への準備である。生命の誕生、宇宙の起源、人間の意識などについても科学は接近しつつある。これらについての定説がいつの日か確立されれば、NOMAはあらゆる人がそれを受け入れ、同時に、それと矛盾する信仰の修正・廃棄を要請する。

NOMAは隙間の神とは異なる着想だが、結果的には、宗教はその時点での科学の主張を全て受容し、それに合わせて神の縄張りを再設定しなくてはならない。二一世紀の全キリスト教徒は進化論を認め、創世記の記述は無視するか、寓話や譬《たと》え話として読まなければならない。科学に適応しない信仰は淘汰されなくてはならず、とても宗教に自律性があるとは言えないのである。

また、宗教の生物学的役割の終焉を指摘する研究も興味深い。カトリック教会に典型的なように、宗教は「離婚・中絶・同性愛・避妊や、その他の生殖・繁殖につながらない性行動」を抑止する教えを説いてきた。[12] 生殖繁殖という点では、宗教を信じるのは適応的だったのだ。しかし、一九八〇年代以降、先進社会では（もちろん科学の恩恵で）乳幼児死亡率が低下するなど、生存への不安は大幅に払拭され、生殖繁殖よりも、多様な生き方に関わる個人の選択が重視されるようになった。その結果、高所得の社会ほど宗教離れが進んできたのである。

こうした動向も踏まえれば、科学の優位、宗教の劣位という構図が先進社会で今後逆転する見込みはないだろう。生命倫理や死生に関わる慰安と癒しなどで宗教は独自性を発揮し続けるだろうが、だからと言って科学の優位は揺るがない。新無神論者はもちろんだが、コリンズもマクグラスもグールドも、科学を宗教と拮抗する以上のものとする。創造科学者やＩＤ論者ですら、科学の威力を無視できないがゆえに、自分たちの主張の表面だけでも科学で塗装するのである。

以上のような科学の絶対優位という前提、さらにアメリカですら若年層を中心に進む宗教離れを踏まえれば、今後の科学と宗教の関係は、④境界変動モデルや⑤流用モデルといったところに落ち着くのではないか。科学がまだ手出しできない領域をその都度確認し、必要に応じて宗教を非信仰的に利用するのである。

ショウ・マスト・ゴー・オン

面白いことに、あれほど宗教の殲滅《せんめつ》を主張したドーキンスは、自らを「文化的なキリスト教徒」と規定する。[13] 英米では、公的な場で「メリークリスマス」と言ったりするのが政治的に正しくないとして避けられる傾向にある。だがドーキンスは、キリスト教の伝統をなくしたいわけではないし、「クリスマス・キャロルを皆で一緒に歌うのが好き」なのだ。流用モデルの典型である。

二〇一二年にイングランドとウェールズの学校に教育省が欽定訳聖書を無償配布する計画が持ち上がった際には、世論調査で八二％の人々が反対したが、ドーキンスは計画を支持した。「英語のネイティブ・スピーカーで欽定訳聖書を一文字も読んだことがない人は野蛮人と言ってよい」というのだ。[14]『神は妄想である』でも、ドーキンスは若い世代があまりに聖書を知らず、それでは英文学を堪能できず、名言や箴言《しんげん》も理解できないことを嘆く。そして、続けて次のように述べる。

そしてもちろん、［無神論的な世界観を持ちつつも］私たちは、たとえばユダヤ主義や英国国教会の信条、あるいはイスラムの文化的・文学的伝統に対して感情的な忠誠心をもちつづけることができるし、歴史的にそうした伝統とともに歩んできた超自然的な信念を信じることなしに、結婚式や葬式のような宗教的儀礼に参加することさえできる。かけがえのない文化的遺産との絆を失うことなしに、神への信仰を放棄することはできるのだ。[15]

信仰さえなければ、宗教の存続は大いに歓迎するのだ。拍子抜けする話だが、日本人には興味深い主張である。一〇〇年に及ぶ戦いの果てに導かれた答えの一つが、いわゆる葬式仏教のような形で、すっかり日本社会に定着してきた宗教の形なのである（日本の「信仰のない宗教」については拙著『宗教と日本人──葬式仏教からスピリチュアル文化まで』をご参照頂きたい）。

ドーキンスが理想的な相互指導ができた相手として挙げるのがリチャード・ホロウェイ（一九三三年〜）である。スコットランド聖公会を統括する首座主教（在任期間は一九九二〜二〇〇〇年）を務めたのち、宗教関連の著述活動を続けてきた人物だ。ホロウェイは同性愛や女性聖職者を支持したリベラル派であるが、彼が破格なのは不可知論者だと明言していることである。英国国教会やカトリックと比べれば遥かに小規模とはいえ、キリスト教会のトップを務めた人物が神を確信していないのである。

ホロウェイには世界の諸宗教を概説した著作があるが、同書で最後に取り上げられるのが世俗的ヒューマニズムである。[16] ホロウェイは伝統的な宗教信仰の衰退を認め、世俗的ヒューマニズムが宗教の信仰や儀礼の良い部分を再利用して広がっていることを論じる。しかし、すぐにヒューマニズムが宗教に取って代わるかと言えば、そうではない。多くの人が宗教の土台にある「超自然的な信仰」を受け入れなくなっているが、それでも、宗教には信仰以外にも多くの財産があり、宗教は依然として地上最大のショウだというのである。

宗教から信仰を除去しても、豊かで膨大なものが残される。ただし、信仰を取り去った宗教は、以前と同じものではあり得ない。この点では、前述のグールドとドーキンスの論争に関する吉川浩満氏の総括が示唆的である。グールドが適応万能論を批判したのは、自然淘汰が専ら現在の有用性の観点から論じられ、その時々の偶然の出来事や歴史的由来が軽視されてきたためである。[17] 同じことが宗教をめぐる議論にもあてはまる。

ドーキンスたち新無神論者は、宗教という極めて歴史的な産物を一般法則から説明しようとする。宗教を類型化し、発展プロセスを一般化し、どのタイプの信念（ミーム）が有害なのかを特定する。確かに現時点で見ればそう言えるのかもしれないが、こうした科学的解明は宗教の形成過程に働いた偶然を切り捨てることで成り立つ。進化をめぐるグールドとの論争と同じく、ドーキンスたちは宗教の多様性よりも、宗教を貫く普遍的な原理を強調する。そうしなければ、全ての宗教をまとめて批判することはできない。

しかし、ドーキンスも認める通り、誰がどの宗教を信じるかは、どの時代のどの地域に生まれるかという偶然に左右される。その時代のその地域の社会文化の中でこそ、その信仰は存在するのだ。信仰は歴史文化と癒着しており、両者を機械的に切り離せば、相応の副作用がもたらされる。たかが信仰と思い切れるかどうか。宗教と科学の次の一〇〇年を左右する問いの一つである。

未来予想図Ⅱ

さらに地球規模に視野を広げると別の未来も見えてくる。

端的に言えば、生殖繁殖を命じる宗教の信者と、個人の多様な選択を重視する無神論者や無宗教者では出生率に差がある。一般的には、宗教信者の方が増えるペースが速いのだ。今後の世界人口の増加と共に、無神論者の数も確実に増える。だが、宗教信者の子供はそれを上回るペースで増えてゆくと予想される。

地球では、毎日二〇万人の子供が生まれている。その親が自覚的な無神論者である確率はせいぜい一〇〜二〇%程度だろう。ほとんどの子供は、どこかの宗教伝統の中に生まれ落ちる。先進社会を中心に無神論者は増えてゆくが、それが世界人口に占める割合は低下してゆくのである。

新無神論者が子供への宗教の伝達を強く牽制し、当然のように親の宗教を子供に伝えることを批判するのも、こうした事態を見込んでのことだろう。新無神論者に説得されて一部の宗教信者が信仰を捨てたとしても、その数は高が知れている。それよりも圧倒的に多くの宗教信者の子供たちが新たに誕生しているのである。

特にイスラム教徒の増加は各国で顕著である。北米やアジア太平洋地域ではイスラム教徒の合計特殊出生率（一五歳から四九歳までの女性の年齢別出生率の合計）は二・六を超えるのに対し、無宗教者は一・六程度に留まる。二〇五〇年には、イスラム教徒がキリスト教徒と同じく世界人口の三割を占めると予測される。さらにヒンドゥー教徒も、二〇一〇年の一〇億人から一四億人まで増加すると見積もられている。[18]

とはいえ、こうした予測は大雑把な動向を見極めようとするものだ。二〇世紀初頭のヨーロッパで、一〇〇年後の教会出席率が一桁台まで低迷すると予想した人はいなかったはずだ。イスラム教の隆盛も予測できなかっただろうし、九・一一を契機に新無神論が登場することも分からなかった。パロディ宗教が乱立し、宗教の地位が根本的に問われるような事態も想像できなかった。これまでと同じように、様々な歴史的偶然が今後の宗教動向を左右するだろう。

またキリスト教以外の宗教でも、文化的にその宗教の信者を称するが信仰は持っていないという宗教との関わり方が広がるように思われる。そうなれば、宗教人口という概念そのものを問い直す必要が出てくるし、本書で見てきたような戦いが、他宗教を戦場にして繰り広げられるのかもしれない。

宗教が淘汰されるのか、それとも無神論が宗教に淘汰されるのか。いずれにしても、一〇〇年後の宗教と科学の戦線は、現在とは大きく異なるものになっている。

以下余談ながら

ヒッチンズの最期については第5章で述べた。それ以外の数人のその後についても最後にふれておきたい。

まもなく『利己的な遺伝子』から半世紀、『神は妄想である』から二〇年が経つ。八〇歳を超えてもなお、ドーキンスは宗教と戦い続けている。コロナ禍の「宗教のウイルスは、我々を脅かすもう一つの悪質なウイルスの拡散を助長する」というツイートはいかにも彼らしいが、誤解の余地のないドライな物言いはしばしば炎上する。マクグラスが言うように、ソーシャルメディアに最も手を出してはいけないタイプの知識人である。

二〇〇六年、ドーキンスも「理性と科学のためのリチャード・ドーキンス財団」を立ち上げた。進化論を普及し、陰謀論を叩き、信仰を捨てた元聖職者を手助けし、ヒューマニズムを宣《の》べ伝え、イスラム圏を念頭に『神は妄想である』のアラビア語版、ウルドゥー語版、ペルシャ語版などを無料配布する。皮肉ではなく、また一つ新たなパロディ宗教が出現し、ドーキンスがその教皇の座に就いたことは現代の宗教現象として非常に興味深い。

マクグラスもオックスフォード大学の「科学と宗教のためのアンドレアス・イドレオス教授職」を退く時が近づいている。現在、後任人事が進んでいるようだが、どのような人物が継ぐのだろうか。ドーキンスのシモニー教授職を二〇〇八年に継いだマーカス・デュ・ソートイ（一九六五年〜）は『素数の音楽』などの邦訳書もある数学者だが、宗教批判には取り組まず、科学の普及に専念している。無神論者であるが、宗教を聞かれたらサッカーチームの「アーセナル」と答えるそうである。いずれにせよ、今後、両教授職の間で科学と宗教をめぐる直接対決が行われることはなさそうだ。

コリンズは、二〇二一年末に国立衛生研究所の所長を退任し、その後も同研究所で遺伝学者として研究を続けていたが、翌年には、ジョー・バイデン大統領に請われて大統領科学顧問に就任した。クリントン、ブッシュ、オバマ、トランプに続き、五人の大統領に仕えたことになる。アメリカの科学者として極官に昇りつめたと言えるだろう。

全てが始まった町であるデイトンには、二〇〇五年にはウィリアム・ジェニングス・ブライアン、そして二〇一七年にはクラレンス・ダロウの銅像が建てられた。ダロウの銅像については反対運動もあったようだが、スコープス裁判博物館は町の主要な観光資源となり、裁判所には当時使われたテーブルや陪審員席や傍聴席などが保存されている。もうブライアンとダロウの対決を直接見た人はどこにもいない。二〇二五年の一〇〇周年は、誰がどのように迎えるのだろうか。

あとがき

宗教と科学の対立や調和といった話は、どうしても重く抽象的になりがちである。本書では、限られた紙幅であるが、原理主義的な信仰であれ無神論であれ、それを語る人々の来歴や生き様にも光をあててきた。彼らの信念を単に整理整頓するのでなく、信念を生み出し下支えする人間関係や社会的背景にも注目した。少しでも主張者の顔が見えるような叙述を心がけたつもりだが、成否については読者諸賢のご批評を仰ぎたい。

本書には一三〇名以上の人物が登場する。宗教者と科学者をはじめ、ジャーナリスト、教師、弁護士、作家など様々である。筆者は誰一人として面識はなく、今後も縁はなさそうだが、心に残ったのはクラレンス・ダロウとクリストファー・ヒッチンズである。

不撓不屈の刑事弁護士であるダロウと、あえて極論をぶつけて論争があらぬ方向へ転がってゆくのを楽しむヒッチンズでは異なる部分も目立つ。しかし、二人とも腹の底から確信した信念を持ち、それに反する言動は死んでも拒絶する点で通じている。本書には様々な信仰者たちが登場し、つい信念の内容ばかりに目がゆくが、肝心なのは、それがいかに日々の言動として結実するかである。

そして、ダロウとヒッチンズの二人だけでなく、本書の登場人物の多くは、正しくても間違っていても、劣勢でも優勢でも、己の信じるところを正々堂々と開陳する。キリスト教が言論文化の上に成り立っていることを改めて痛感する。そうした文化が絶対的に優れているとは思わないし、アメリカの学校教育が創造論者に脅かされるのも、明らかに間違った主張にも耳を傾けるフェアプレイ精神が原因の一つである。しかし、ある信仰がどれだけの量の言葉で語られてきたかは、その宗教のあり方を規定するはずである。不毛としか思えない局面も少なくないが、長年の論戦を戦ったことで欧米のキリスト教はより洗練され、もう一方の宗教批判も研ぎ澄まされてきた。それでは、日本の宗教とその批判はどのような時をすごしてきたのか。今後の課題としてみたい。

本書刊行にあたっては、吉良賢一郎氏と阿久戸義愛氏に草稿をご覧頂き、重要なご指摘を頂戴した。筆者のキリスト教の勉強は、筑波大学大学院の山中弘先生のゼミで英国国教会という鵺《ぬえ》のような組織の近代宗教史を学ぶところから始まった。毎週月曜の夕刻、吉良氏と阿久戸氏の三人で席を並べたものの、筆者だけが話の十分の一も理解していない有様だったが、恩師のご指導と畏友に恵まれたお陰で濃密な時間となった。あれから二〇年が過ぎようとしているが、今も続くご厚情に感謝したい。

ミア・ティッロネン氏にも草稿をご覧頂き、ヨーロッパ人の無神論に対する肌感覚や結論に関わるご教示を頂戴した。彼女のような素晴らしい才能と日常的に議論できるのは、筆者の仕事の数少ない特権である。

編集をご担当頂いた梶慎一郎氏には企画段階から執筆中の資料準備まで多大な支援を頂戴した。梶氏も筑波大学で荒木美智雄先生や小川圭治先生のご謦咳に接しておられ、大先輩としてご相談に乗って頂いた。当初の目次とは似ても似つかない仕上がりとなったが、こうして本書を送り出せるのもひとえに梶氏のお陰である。

最後になるが、妻と二人の子供にも感謝したい。参考文献に貼った付箋を食べられたり、資料に絵を描かれたりと、（いずれも妻ではなく子供による）思わぬトラブルにも見舞われたが、心強い支えとなってくれた。

二〇二三年三月吉日

岡本亮輔

9 『神と科学は共存できるか？』、第4章
10 I・G・バーバー『科学が宗教と出会うとき――四つのモデル』藤井清久訳、教文館、2004年、第1章。
11 藤井修平「進化生物学に基づいた宗教的言説の考察――新たな形態の創造論とそれを取り巻く諸理論の現状」『東京大学宗教学年報』31、2013年。
12 ロナルド・イングルハート『宗教の凋落？――100か国・40年間の世界価値観調査から』山﨑聖子訳、勁草書房、2021年、第1章。
13 http://news.bbc.co.uk/2/hi/uk_news/politics/7136682.stm
14 https://www.theguardian.com/science/2012/may/19/richard-dawkins-backs-free-bible
15 『神は妄想である』、第9章
16 リチャード・ホロウェイ『若い読者のための宗教史』上杉隼人・片桐恵里訳、すばる舎、2019年、第40章。
17 吉川浩満『理不尽な進化――遺伝子と運のあいだ』朝日出版社、2014年、終章。
18 https://www.pewresearch.org/religion/2015/04/02/religious-projections-2010-2050/

Bantam books, 1988, Ch. 12.
44 Hawking, S. *Brief Answers to the Big Questions,* Hodder & Stoughton, 2018, Ch. 1.
45 https://www.genome.gov/10001356/june-2000-white-house-event
46 フランシス・コリンズ『ゲノムと聖書——科学者、〈神〉について考える』中村昇・中村佐知訳、NTT出版、2008年、はじめに。
47 https://www.nytimes.com/2009/07/27/opinion/27harris.html
48 https://www.samharris.org/blog/the-strange-case-of-francis-collins
49 https://content.time.com/time/magazine/article/0,9171,1555132-1,00.html
50 ローレン・C・テンプルトン&スコット・フィリップス『テンプルトン卿の流儀——伝説的バーゲンハンターの市場攻略戦略』鈴木敏昭訳、パンローリング、2010年、第4章。
51 https://www.templeton.org/about/vision-mission-impact
52 Ecklund, E.H. & David R. Johnson. *Varieties of Atheism in Science,* Oxford University Press, 2021, Ch. 4.
53 https://www.uwtsd.ac.uk/library/alister-hardy-religious-experience-research-centre/research/
54 アンドリュー・ブラウン『ダーウィン・ウォーズ——遺伝子はいかにして利己的な神となったか』長野敬・赤松眞紀訳、青土社、2001年、第9章。
55 Brown, A."John Templeton（1912-2008)", *Nature,* 454(290), 2008.
56 *The Four Horsemen,* Part II
57 『科学と宗教』、第8章
58 Giberson, K. & F. Collins. *The Language of Science and Faith: Straight Answers to Genuine Questions,* IVP Books, 2011, Ch. 3.
59 https://www.thearchitect.global/what-is-simulation-creationism/
60 https://www.vanityfair.com/culture/2010/10/hitchens-201010
61 https://www.templetonprize.org/laureate-sub/address-by-dr-francis-s-collins/

終章

1 垂水雄二『進化論の何が問題か——ドーキンスとグールドの論争』八坂書房、2012年、はじめに。
2 スティーヴン・ジェイ・グールド『神と科学は共存できるか？』狩野秀之ほか訳、日経BP社、2007年、第1章。
3 同書、第3章
4 同書、第4章
5 『神は妄想である』、第2章
6 https://ncse.ngo/god-and-evolution
7 *Faith versus Fact,* Ch. 1
8 『神は妄想か？』、第2章

21　https://www.prospectmagazine.co.uk/essays/50996/world-thinkers-2013
22　『ささやかな知のロウソク　ドーキンス自伝Ⅱ』、訳者あとがき
23　https://www.abc.net.au/qanda/religion-and-atheism/10661470
24　Hunter, G.W. *A Civic Biology: Presented in Problems,* American Book Company, 1914, Ch. 17.
25　ローレンス・クラウス『宇宙が始まる前には何があったのか？』青木薫訳、文藝春秋、2013年。
26　『ささやかな知のロウソク　ドーキンス自伝Ⅱ』、「ディベートと出会い」
27　https://www.christiantoday.co.jp/articles/14484/20141104/pope-science-academy-meeting.htm
28　教皇庁国際神学委員会『人間の尊厳と科学技術』カトリック中央協議会、2006年、第3章。
29　http://hitchensdebates.blogspot.com/2010/07/hitchens-vs-craig-biola-university.html
30　A・E・マクグラス『神の科学――科学的神学入門』稲垣久和ほか訳、教文館、2005年、序。
31　McGrath, A. & J. C. McGrath. *The Dawkins Delusion?: Atheist Fundamentalism and the Denial of the Divine,* Society for Promoting Christian Knowledge, 2007, Introduction.
32　McGrath, A. *Dawkins'God: From The Selfish Gene to The God Delusion,* Wiley Blackwell, 2015, Introduction.
33　*Dawkins'God,* Ch. 3
34　芦名定道「現代キリスト教思想と宗教批判――合理性の問題を中心に」『宗教研究』82（2）、2008年。
35　『神は妄想である』、第2章
36　ウリカ・セーゲルストローレ『社会生物学論争史2――誰もが真理を擁護していた』垂水雄二訳、みすず書房、2005年、第20章。
37　A・E・マクグラス&J・C・マクグラス『神は妄想か？――無神論原理主義とドーキンスによる神の否定』杉岡良彦訳、教文館、2012年、第2章。
38　https://www.ox.ac.uk/news-and-events/find-an-expert/professor-alister-mcgrath
39　A・E・マクグラス『科学と宗教』稲垣久和ほか訳、教文館、2009年、第8章。
40　Coyne, Jerry A. *Faith Versus Fact: Why Science and Religion Are Incompatible,* Viking, 2015, Ch. 1.
41　古川安『科学の社会史――ルネサンスから20世紀まで』ちくま学芸文庫、2018年、第2章。
42　ジョン・ポーキングホーン『科学時代の知と信』稲垣久和・濱崎雅孝訳、岩波書店、1999年、第4章。
43　Hawking, S. *A Brief History of Time: From the Big Bang to Black Holes,*

50 『さらば、神よ』、第11章
51 『神は妄想である』、第5章
52 Harris, S. *The Moral Landscape: How Science Can Determine Human Values,* Free Press, 2010, Ch. 4.
53 Harris, S. *Waking Up: A Guide to Spirituality Without Religion,* Simon & Schuster, 2014, Ch. 1.
54 *Letter to a Christian Nation*
55 『神は妄想である』、第8章
56 https://www.theguardian.com/uk/2007/aug/12/religion.books

第5章

1 https://www.pewresearch.org/religion/2009/11/05/scientists-and-belief/
2 *Letter to a Christian Nation*
3 『神は妄想である』、第4章および第8章
4 『悪魔に仕える牧師』、第5章
5 *God Is Not Great,* Ch. 6
6 『解明される宗教』、第3章
7 Johnson P. E. & J. M. Reynolds. *Against All Gods: What's Right and Wrong About the New Atheism,* InterVarsity Press, 2010, Ch. 3.
8 「ドレイクの式」『天文学辞典』日本天文学会（https://astro-dic.jp/drake-equation/）。
9 Gonzalez, G. & J. W. Richards. *The Privileged Planet: How Our Place in the Cosmos is Designed for Discovery,* Regnery Publishing, 2004, Introduction.
10 *The Privileged Planet,* Appendix A
11 Gregory, T.R."The Argument from Design: A Guided Tour of William Paley's *Natural Theology* (1802)", *Evolution: Education and Outreach,* 2, 2009.
12 青木薫『宇宙はなぜこのような宇宙なのか——人間原理と宇宙論』講談社現代新書、2013年、第3章。
13 同書、第4章
14 『神は妄想である』、第4章
15 『宇宙はなぜこのような宇宙なのか』、第4章
16 『さらば、神よ』、第12章
17 McCauley, R. N."The Naturalness of Religion and the Unnaturalness of Science", Keil, F. C. & R. A. Wilson eds., *Explanation and Cognition,* The MIT Press, 2000.
18 『さらば、神よ』、第12章
19 木島泰三「現代進化論と現代無神論——デネットによる概観を軸に」日本科学哲学会編『ダーウィンと進化論の哲学』勁草書房、2011年。
20 *Against All Gods,* Ch. 1

24 https://www.nobelprize.org/prizes/peace/1979/teresa/acceptance-speech/
25 https://slate.com/news-and-politics/2003/10/the-fanatic-fraudulent-mother-teresa.html
26 *The Four Horsemen,* Part Ⅰ
27 Larivée, S., C. Sénéchal, et G. Chénard. Les Côtés ténébreux de Mère Teresa, *Studies in Religion/Sciences Religieuses.* 42(3), 2013.
28 https://www.theguardian.com/politics/2002/apr/07/schools.publicservices
29 http://hitchensdebates.blogspot.com/2010/11/hitchens-vs-blair-roy-thomson-hall.html
30 *The End of Faith,* Ch. 6
31 Galton, D."Did Darwin read Mendel?", *QJM: An International Journal of Medicine,* 102(8), 2009.
32 キム・ステルレルニー『ドーキンスvs.グールド——適応へのサバイバルゲーム』狩野秀之訳、ちくま学芸文庫、2004年、第5章。
33 『利己的な遺伝子』所収
34 Maynard Smith, J."Genes and Memes", *London Review of Books,* 4(2), 1982.
35 『利己的な遺伝子』、第2章
36 同書、第11章
37 ダン・スペルベル「文化へのミーム的アプローチに反論する」ロバート・アンジェ編『ダーウィン文化論——科学としてのミーム』佐倉統ほか訳、産業図書、2004年。
38 リチャード・ドーキンス『ささやかな知のロウソク ドーキンス自伝Ⅱ——科学に捧げた半生』垂水雄二訳、早川書房、2017年、「シモニー教授職」。
39 リチャード・ドーキンス『さらば、神よ——科学こそが道を作る』大田直子訳、早川書房、2020年、第1章。
40 リチャード・ドーキンス『神は妄想である——宗教との決別』垂水雄二訳、早川書房、2007年、第2章。
41 同書、第5章
42 『悪魔に仕える牧師』、第7章
43 ダニエル・C・デネット『ダーウィンの危険な思想——生命の意味と進化』山口泰司監訳、青土社、2001年、第2章。
44 ダニエル・C・デネット『解明される宗教——進化論的アプローチ』阿部文彦訳、青土社、2010年、第8章。
45 同書、第11章
46 *God Is Not Great,* Ch. 15
47 『神は妄想である』、第7章
48 Harris, S. *Letter to a Christian Nation,* Knopf, 2006.
49 『神は妄想である』、第1章および第2章

10　マイケル・J・ベーエ『ダーウィンのブラックボックス――生命像への新しい挑戦』長野敬・野村尚子訳、青土社、1998年、第9章。

第4章

1　https://americancenterjapan.com/aboutusa/laws/2569/
2　https://www.oyez.org/cases/1961/468
3　https://americancenterjapan.com/aboutusa/translations/2652/#jplist
4　https://www.oyez.org/cases/1968/7
5　https://law.justia.com/cases/federal/district-courts/FSupp/529/1255/2354824/
6　https://www.oyez.org/cases/1986/85-1513
7　Davis, P. & D. H. Kenyon. *Of Pandas and People: The Central Question of Biological Origins,* Foundation for Thought and Ethics, 1993.
8　ナイルズ・エルドリッジ『進化論裁判――モンキー・ビジネス』渡辺政隆訳、平河出版社、1991年、第7章。
9　https://ncse.ngo/theyre-here
10　https://www.copeinc.org/legal-complaint.html
11　https://www.salon.com/2013/10/25/christian_textbooks_darwin_inspired_hitler/
12　藤本龍児『「ポスト・アメリカニズム」の世紀――転換期のキリスト教文明』筑摩選書、2021年、第5章。
13　栗林輝夫『キリスト教帝国アメリカ――ブッシュの神学とネオコン、宗教右派』キリスト新聞社、2005年。
14　https://news.gallup.com/poll/261680/americans-believe-creationism.aspx
15　Hitchens, Ch., R. Dawkins, S. Harris & D. Dennett. *The Four Horsemen: The Discussion That Sparked an Atheist Revolution,* Bantam Press, 2019.
16　リチャード・ドーキンス『利己的な遺伝子 40周年記念版』日髙敏隆ほか訳、紀伊國屋書店、2018年。
17　木島泰三「無神論の現代的意義――デネット『呪文を解く』に見る宗教の進化論的解明と「新無神論」」西田照見・田上孝一編『現代文明の哲学的考察』社会評論社、2010年。
18　https://abcnews.go.com/GMA/story?id=126698
19　リチャード・ドーキンス『悪魔に仕える牧師――なぜ科学は「神」を必要としないのか』垂水雄二訳、早川書房、2004年、第3章。
20　Harris, S. *The End of Faith: Religion, Terror, and the Future of Reason,* W. W. Norton & Company, 2004, Ch. 1.
21　Hitchens, Ch. *God is Not Great: How Religion Poisons Everything,* Atlantic Books. 2007.
22　Hitchens, Ch. *The Missionary Position: Mother Teresa in Theory and Practice,* Verso, 1995.
23　*God is Not Great,* Ch. 2

Documents (Bedford/St. Martin's, 2002)、Larson, E. J. *Summer for the Gods: The Scopes Trial and America's Continuing Debate Over Science and Religion* (Basic Books, 1997) を主に参照した。
2 https://www.aclu.org/about/aclu-history
3 Darrow, C. *Why I Am an Agnostic and Other Essays,* Prometheus Books, 1995.
4 以下、裁判の議事録については*The World's Most Famous Court Trial: Tennessee Evolution Case* (Lawbook Exchange, 1997) を主に参照した。邦訳に際しては適宜言葉を補った。
5 クラレンス・ダロウ「わが生涯の物語」柴寄雅子訳、『国際研究論叢』22 (3)、2009年。
6 カート・アンダーセン『ファンタジーランド（上）——狂気と幻想のアメリカ500年史』山田美明・山田文訳、東洋経済新報社、2019年、第18章。
7 常松洋「スコープス裁判と1920年代の不寛容」『アメリカ研究』25、1991年。
8 Darrow, C. *The Story of My Life,* Charles Scribner's Sons, 1932, Ch. 31.
9 常松、前掲論文
10 Hannon, M. "Scopes Trial (1925)",. *The Clarence Darrow Digital Collection,* University of Minnesota, 2010.
11 ロバート・シャピロ『生命の起源——科学と非科学のあいだ』長野敬・菊池韶彦訳、朝日新聞社、1988年、第10章。
12 *Summer for the Gods,* Ch. 9
13 ユージニー・C・スコット『聖書と科学のカルチャー・ウォー——概説アメリカの「創造vs生物進化」論争』鵜浦裕・井上徹訳、東信堂、2017年、第5章。

第3章

1 https://www.bryan.edu/
2 https://www.nature.com/articles/nature16992
3 https://answersingenesis.org/aquatic-animals/how-solve-monster-mystery/
4 https://baptistnews.com/article/young-earth-creationist-attractions-take-top-honors-again-in-usa-today-polling/
5 公聴会の議事録についてはThe TalkOrigins Archive (https://www.talkorigins.org/faqs/kansas/kangaroo.html) を参照した。
6 https://ncse.ngo/kansas-kangaroo-court-keeps-evolving
7 Whitcomb, J. C. & H. M. Morris. *The Genesis Flood: The Biblical Record and its Scientific Implications,* Presbyterian & Reformed Publishing, 1961, Ch. 3.
8 https://ncse.ngo/wedge-document
9 https://dissentfromdarwin.org/

11 “Census 2001 Summary theme figures and rankings: 390,000 Jedi There Are”, *Office for National Statistics,* 13 February 2003.
12 http://news.bbc.co.uk/2/hi/entertainment/2218456.stm
13 https://www.nzherald.co.nz/nz/jedi-order-lures-53000-disciples/X72NY6WJWCEPM7AV6KE4X2BOWE/
14 https://www.bbc.com/news/magazine-29753530
15 https://www.pewresearch.org/religion/2022/09/13/modeling-the-future-of-religion-in-america/
16 https://www.independent.co.uk/arts-entertainment/music/features/god-gave-rock-n-roll-to-you-will-heavy-metal-be-a-religion-on-the-next-census-2037670.html
17 https://www.ons.gov.uk/peoplepopulationandcommunity/culturalidentity/religion/articles/religioninenglandandwales2011/2012-12-11
18 https://www.dailymail.co.uk/news/article-1214367/Jedi-church-founder-thrown-Tesco-refusing-remove-hood-left-emotionally-humiliated.html
19 ボビー・ヘンダーソン『反★進化論講座——空飛ぶスパゲッティ・モンスターの福音書』片岡夏実訳、築地書館、2006年。
20 谷内悠「創造論、新無神論、フィクション宗教——非制度的宗教の新展開」藤原聖子編『世俗化後のグローバル宗教事情〈世界編I〉』岩波書店、2018年。
21 https://www.bbc.com/news/world-europe-14135523
22 https://www.thespectrum.com/story/news/local/2014/11/16/church-flying-spaghetti-monster-pastafarian-makes-statement/19123337/
23 https://time.com/4114369/pastafarian-colander-license-photo/
24 https://www.bbc.com/news/world-asia-36062126
25 https://www.washingtonpost.com/nation/2019/09/20/pastafarian-opened-council-meeting-wearing-spaghetti-strainer-he-says-its-about-separation-church-state/
26 https://www.europeantimes.news/2021/12/pastafarianism-lack-of-required-conditions-of-seriousness-and-cohesion-to-be-protected-echr-says/
27 https://www.spaghettimonster.org/pages/about/open-letter/
28 『高等学校学習指導要項（試案）』文部省、1947年。
29 『高等学校学習指導要領』文部科学省、2018年3月告示。

第2章

1 以下スコープス裁判については、Scopes, J. T. & J. Presley. *Center of the Storm: Memoirs of John T. Scopes*（Holt Rinehart and Winston, 1967）、鵜浦裕『進化論を拒む人々——現代カリフォルニアの創造論運動』（勁草書房、1998年）、Caudill, E. *The Scopes Trial: A Photographic History*（University of Tennessee Press, 2000）、Moran, J. P. *The Scopes Trial: A Brief History with*

註

序章

1　以下の数値についてはYouGov（yougov.co.uk）とStatista（statista.com）のデータを主に参照した。

2　リック・ウォレン『人生を導く5つの目的——自分らしく生きるための42章』尾山清仁・小坂直人訳、パーパス・ドリブン・ジャパン、2015年。

3　https://www.pewresearch.org/religion/2012/10/09/nones-on-the-rise/

4　https://www.pewresearch.org/religion/2021/12/14/about-three-in-ten-u-s-adults-are-now-religiously-unaffiliated/

5　https://www.pewresearch.org/short-reads/2019/12/06/10-facts-about-atheists/

6　https://www.pewresearch.org/short-reads/2019/10/31/in-u-s-familiarity-with-religious-groups-is-associated-with-warmer-feelings-toward-them/

7　Gervais, W., D. Xygalatas, R. McKay et al.“Global Evidence of Extreme Intuitive Moral Prejudice against Atheists”, *Nature Human Behavior,* 1, 2017.

第1章

1　藤坂ガルシア千鶴『ディエゴを探して』イースト・プレス、2021年、第3部。

2　“Football as a Religion: The Church of Maradona”, *VICE,* 2013（https://youtu.be/knRo_1xrJ2A）.

3　http://www.iglesiamaradoniana.com.ar/

4　“The Soccer Fans Who Literally Worship Diego Maradona”, *VICE,* 2013（https://youtu.be/IxSXvxchNr4）.

5　“‘Church’of Maradona baptises its first baby in Mexico”, *AFP News Agency,* 2021（https://youtu.be/61a-k5FUXTc),“Church in honor of Maradona opens its doors in Mexico”, *Reuters,* 2021（https://www.reuters.com/lifestyle/church-honor-maradona-opens-its-doors-mexico-2021-07-16/）.

6　文部省調査局『宗教の定義をめぐる諸問題』文部省調査局宗務課、1961年。

7　同書

8　Pogačnik, A & A. Črnič.“iReligion: Religious Elements of the Apple Phenomenon”, *Journal of Religion and Popular Culture,* 26(3), 2014.

9　田澤耕『レアルとバルサ 怨念と確執のルーツ——スペイン・サッカー興亡史』中公新書ラクレ、2013年。

10　Xifra, J.“Soccer, Civil Religion, and Public Relations: Devotional-promotional Communication and Barcelona Football Club”, *Public Relations Review,* 34, 2008.

岡本亮輔（おかもと・りょうすけ）
一九七九年、東京生まれ。北海道大学大学院教授。筑波大学大学院修了。博士（文学）。専門は宗教学と観光学。著書に『聖地と祈りの宗教社会学――巡礼ツーリズムが生み出す共同性』（春風社、日本宗教学会賞）、『聖地巡礼ツーリズム』（共編著、弘文堂）、『聖地巡礼――世界遺産からアニメの舞台まで』（中公新書）、『江戸東京の聖地を歩く』（ちくま新書）、『フィールドから読み解く観光文化学――「体験」を「研究」にする16章』（共編著、ミネルヴァ書房、観光学術学会教育・啓蒙著作賞）、『いま私たちをつなぐもの――拡張現実時代の観光とメディア』（共編著、弘文堂、日本観光研究学会観光著作賞）、『宗教と日本人――葬式仏教からスピリチュアル文化まで』（中公新書）など。

創《そう》造《ぞう》論《ろん》者《しゃ》vs.無《む》神《しん》論《ろん》者《しゃ》

宗教《しゅうきょう》と科学《かがく》の百年戦争《ひゃくねんせんそう》

二〇二三年　九月　七日　第一刷発行
二〇二三年一二月一八日　第二刷発行

著　者　岡《おか》本《もと》亮《りょう》輔《すけ》

発行者　森田浩章

発行所　株式会社　講談社
東京都文京区音羽二丁目一二—二一　〒一一二—八〇〇一
電話（編集）〇三—五三九五—三五一二
（販売）〇三—五三九五—五八一七
（業務）〇三—五三九五—三六一五

装幀者　奥定泰之

本文データ制作　講談社デジタル製作

本文印刷　信毎書籍印刷　株式会社

カバー・表紙印刷　半七写真印刷工業　株式会社

製本所　大口製本印刷　株式会社

KODANSHA

ISBN978-4-06-533247-4　Printed in Japan　N.D.C.160　267p　19cm

講談社選書メチエの再出発に際して

講談社選書メチエの創刊は冷戦終結後まもない一九九四年のことである。長く続いた東西対立の終わりはついに世界に平和をもたらすかに思われたが、その期待はすぐに裏切られた。超大国による新たな戦争、吹き荒れる民族主義の嵐……世界は向かうべき道を見失った。そのような時代の中で、書物のもたらす知識が一人一人の指針となることを願って、本選書は刊行された。

それから二五年、世界はさらに大きく変わった。特に知識をめぐる環境は世界史的な変化をこうむったとすら言える。インターネットによる情報化革命は、知識の徹底的な民主化を推し進めた。誰もがどこでも自由に知識を入手でき、自由に知識を発信できる。それは、冷戦終結後に抱いた期待を裏切られた私たちのもとに差した一条の光明でもあった。

その光明は今も消え去ってはいない。しかし、私たちは同時に、知識の民主化が知識の失墜をも生み出すという逆説を生きている。堅く揺るぎない知識も消費されるだけの不確かな情報に埋もれることを余儀なくされ、不確かな情報が人々の憎悪をかき立てる時代が今、訪れている。

この不確かな時代、不確かさが憎悪を生み出す時代にあって必要なのは、一人一人が堅く揺るぎない知識を得、生きていくための道標を得ることである。

フランス語の「メチエ」という言葉は、人が生きていくために必要とする職、経験によって身につけられる技術を意味する。選書メチエは、読者が磨き上げられた経験のもとに紡ぎ出される思索に触れ、生きるための技術と知識を手に入れる機会を提供することを目指している。万人にそのような機会が提供されたとき初めて、知識は真に民主化され、憎悪を乗り越える平和への道が拓けると私たちは固く信ずる。

この宣言をもって、講談社選書メチエ再出発の辞とするものである。

二〇一九年二月　　野間省伸

講談社選書メチエ　宗教

MÉTIER

逆襲する宗教　小川　忠